asSaggi

Cinzia Scaffidi

Il profitto e la cura

La sostenibilità e le voci che non abbiamo ascoltato

Prefazione di Luciana Castellina

Slow Food Editore

Il profitto e la cura
di **Cinzia Scaffidi**

Redazione **Grazia Novellini**

Impaginazione **Roberto Fidale**

In copertina, da un'idea di Stefano Sassi, illustrazione di
Andras Szen/Shutterstock.com e YummyBuum/Shutterstock.com

Finito di stampare nel mese di luglio 2021
da Grafica Veneta S.p.a., Trebaseleghe (Pd)

FSC
www.fsc.org
MISTO
Carta
da fonti gestite in
maniera responsabile
FSC® C021883

Questo libro è stampato col sole
Azienda carbon-free

Slow Food Editore srl – Via Audisio, 5 – 12042 Bra (Cn)
Tel. 0172 419611 – Fax 0172 411218
editorinfo@slowfood.it – www.slowfoodeditore.it

Direttore editoriale: Carlo Bogliotti
Coordinamento editoriale: Chiara Cauda

ISBN 978-88-8499-704-3

Sommario

Prefazione

Raccontare in breve questo libro e trarne il succo è operazione molto difficile. Capita quando si tratta di volumi che non dicono niente di nuovo, o che, al contrario, dicono troppo. È ovvio che in questo caso si tratta di troppo e non di poco, ché, se così non fosse stato, sarei stata zitta, avrei scritto qualche banalità e pace all'anima.

Invece sono qui a confessare fin da subito la mia inadeguatezza, cui del resto sapevo dall'inizio di essere esposta, visto che l'autrice è Cinzia Scaffidi, che un libro banale non l'avrebbe mai scritto, essendo persona molto speciale. Sebbene io la conosca da decenni, non finisce di sorprendermi: perché conosce un sacco di cose che neppure sapevo si potessero pensare e che smontano molte di quelle che credevo di dover pensare.

Non si tratta di lacune rispetto a questo o quel settore del sapere. Questo tipo di ignoranza è frequente e in qualche modo giustificabile. Si tratta, invece, del sovvertimento di una interpretazione del mondo e della sua storia che dunque incide su ogni pezzo della propria cultura. Ti costringe a ripensare tutto il tuo stesso pensato. Quello che noi, figli (e nipoti) del secolo acriticamente dominato dalla centralità della modernizzazione, subita o cavalcata, abbiamo accumulato e posto a fondamento del nostro fare, frantumato dalla sempre maggiore, ossessiva, settorializzazione. Abbiamo perso così nientemeno che la consapevolezza del nostro rapporto con una cosa così importante, decisiva per la definizione di noi stessi, come la natura.

Qualcosa su cui ci aveva ammonito persino Engels in *La dialettica della natura*, laddove ci dice che se si osservano le cose nel loro isolamento anziché nel loro reciproco rapporto non si capisce niente. Il tema dunque è la complessità, e proprio su questo tema si fonda *Il profitto e la cura.*

La drammatica moltiplicazione degli eventi che colpiscono la Terra ha rilanciato in questo tempo una riflessione critica su noi stessi, perché quegli eventi risultano incomprensibili se non vengono collocati in una vicenda di cui sono protagonisti miliardi di altre specie viventi, vegetali e animali, che noi umani, autoreferenziali e spocchiosi come siamo, neppure sappiamo quali siano e quante.

Ho fatto questa lunga premessa per dare un consiglio: non leggete questo libro per capitoli separati. *Il profitto e la cura* va affrontato nella sua interezza, operazione del resto assai facile perché la scrittura di Cinzia Scaffidi è molto accattivante, con molte citazioni preziose e inconsuete, come i bellissimi passaggi della *Genesi* da cui si parte per riscoprire quando, come e perché gli umani decisero di diventare agricoltori e dunque di abbandonare la caccia, così sperimentando per la prima volta il peso del lavoro, da cui tutti gli animali non umani rimasero invece liberi.

Come era potuto accadere? Era un progresso? Se si vanno a leggere le sacre scritture si scopre che fu la conseguenza di un castigo: Adamo ed Eva, appena mangiata la famosa mela, si accorgono di essere nudi ma la nudità non è più, per loro, naturale come per gli altri animali, e infatti riparano dietro le piante; quando arriva Dio, Adamo si vergogna e cerca di coprirsi. Ma resta anche più sconcertato quando Dio gli chiede: «Chi ti ha fatto scoprire che sei nudo?» (già; e noi? abbiamo mai pensato perché non giriamo nudi come gli altri animali?). Impietosito per il suo imbarazzo Dio gli dà qualche pellame con cui coprirsi; vestirsi diventa così un obbligo, che impone di uscire dallo stato di natura per entrare in un altro "stato" dove si trova il male, ma anche qualche buona cosa, che comunque impone un obbligo del tutto nuovo: quello di scegliere. Una necessità, che può produrre conseguenze giuste o sbagliate. E quelle sbagliate – ci dimostra Cinzia – saranno, lungo tutto l'arco della storia umana, tantissime, comprese alcune che dal 1901, quando fu creato il Premio, sono state premiate con il Nobel.

Ci ritroviamo a essere tutti vittime del mercato che impone la legge del massimo profitto, assai spesso in contraddizione con le scelte necessarie agli umani e alla Terra: innanzitutto quella di «mantenere la fertilità del terreno come primo requisito di ogni sistema agricolo permanente» come scrive sir Albert Howard che, inviato in India da sua maestà britannica per insegnare ai contadini di quel Paese l'agricoltura moderna, torna conquistato dalla saggezza di coloro che avrebbe invece dovuto istruire.

Ripensamenti ben più radicali ebbe Justus von Liebig (del quale si occupò molto anche Marx), padre dell'uso della chimica di sintesi in agricoltura; dieci anni prima di morire, ripensando alle sue scoperte lo scienziato e imprenditore ammette la sua colpa: «Ho peccato contro la saggezza del Creatore. Nella mia cecità ho creduto che nel meraviglioso concatenamento delle leggi che uniscono la vita alla superficie della Terra un anello era stato dimenticato che io, povero verme impotente, dovevo fornire».

Non sono solo cose di un passato lontano. Io stessa ricordo l'euforia che accolse l'invenzione del Ddt da parte del Premio Nobel Paul Müller, e l'entusiasmo con cui – quando le truppe alleate, subito dopo la seconda guerra mondiale, lo portarono in Italia – lo spargemmo sulle tante terre infestate dalla malaria. Ma anche nelle nostre case, con un prodotto "miracoloso" chiamato Flit, che, rispetto a quelli ammazzati dalla malaria, ne ammazzò cento volte di più. Oggi, se chiedo ai millennial cosa siano il Ddt e il Flit mi guardano stupefatti.

E allora: ho consigliato di cogliere quanto scritto in questo libro nella sua interezza perché, al di là delle tante e utilissime informazioni che ci offre, ci suggerisce di ripensare le fondamenta della nostra cultura, di cominciare a gettare uno sguardo critico sulle nostre "certezze", che non sono scoperte della modernità, ma molto spesso pseudo-verità dettate dal mercato.

Ci diciamo moderni perché crediamo di esserci liberati dai miti e invece siamo caduti proprio nell'adorazione del mercato, il mito più pericoloso!

Luciana Castellina

Istruzioni per l'uso

Nella mia città c'è un detto con cui si liquida in modo bonario chi si incaponisce incomprensibilmente su qualcosa: «Se è passata a Girani passa anche a te».

L'origine di questo adagio sta in una storia, non si sa quanto vera e quanto ingigantita dai ripetuti racconti, che riguarda un cappellaio di Bra, il cui negozio è ancora oggi attivo grazie agli eredi. Siamo nella seconda metà dell'Ottocento e Luigi Girani, che ha un avviato negozio da parrucchiere, apre anche un punto vendita del già prestigioso marchio Borsalino, da poco nato nella non lontana Alessandria. La questione era come pubblicizzare il nuovo negozio.

Ci sono almeno due versioni di questa storia. La più attinente alla realtà narra che Girani volesse installare in alto sulla facciata del negozio, a mo' di insegna, una gigantesca tuba che avrebbe attratto sicuramente l'attenzione, ma il Comune gli impose di ridurne considerevolmente le dimensioni. Questo dispiacque molto all'interessato, che se ne lamentò insistentemente con chiunque gli capitasse a tiro.

La versione che preferisco racconta che Girani avesse un progetto faraonico: confezionare un cappello enorme, sotto il quale radunare tutta la cittadinanza nella piazza più grande della città, detta *pasch* perché nel Medioevo era adibita a pascolo comunitario. Una volta che tutti fossero stati sistemati sotto il gigantesco copricapo, avrebbe fatto scattare una foto da usare poi nella promozione del negozio. Un lavoretto da nulla, se programmato oggi con Photoshop, ma all'epoca bisognava, prima di tutto, fare materialmente il cappello.

Quale che sia la parte iniziale, tutti concordano con la finale: Girani parlò di quell'enorme cappello per mesi, assillando amici, clienti, parenti e conoscenti, che iniziarono a dubitare della sua sanità mentale. Finché, con grande sollievo della comunità, un bel giorno l'innocua ossessione, come era iniziata, svanì, cementando tra la cittadinanza la rasserenante convinzione che nessuna fissazione dura in eterno: se è passata a Girani, passa a chiunque.

Mi viene in mente questa storia ogni volta che inizio il mio corso sulle questioni globali correlate al cibo con i ragazzi del primo anno dell'Università di Scienze Gastronomiche di Pollenzo e, specialmente nelle prime lezioni, racconto di come si è formato e quanto antico sia il pensiero sui sistemi complessi, sull'agricoltura sostenibile, sulle connessioni tra cibo e diritti. Ogni volta mi trovo a dire: «Occhio, ragazzi, che queste cose non le stiamo scoprendo adesso, ce le dicono come minimo da inizio Ottocento e ce le hanno ripetute nel corso di tutto quel secolo, e poi di nuovo nel Novecento, in particolare dagli anni Cinquanta, quando è iniziata la Rivoluzione Verde, quando è uscito il tal libro, il tal articolo, e poi il Club di Roma...». E regolarmente qualcuno degli studenti, con l'aria prudente di chi teme di dire una cosa offensiva, alza la mano e dice: «Ma se era tutto già chiaro, come mai non abbiamo seguito quelle indicazioni?». È così che solitamente iniziamo a parlare delle relazioni tra economia ed ecologia, con me che rimbalzo l'interrogativo dicendo: «Bella domanda. Secondo voi come mai?».

Ma non è per questo che penso a Girani. Penso a Girani quando mi vien voglia di trovare un modo per mettere tutti quegli autori insieme, nella stessa occasione di apprendimento, nello stesso corso, nella stessa lezione che si trasformerebbe nell'antico *pasch*: un pascolo di uso civico comunitario, in cui tutti nutrano e tutti vengano nutriti, attingendo al medesimo bene comune – la conoscenza, la riflessione, l'osservazione della natura – e quel medesimo bene incrementando, proteggendo, fertilizzando. Riunire, in una danza apparentemente disordinata tra le diverse epoche, tutti quelli che avevano non solo già capito, ma anche dimostrato, scritto e pubblicato che il modello riduzionista applicato alle scienze della natura non poteva funzionare; che il modello industriale applicato alla produzione agricola avrebbe fatto dei disastri; che il modello capitalistico applicato all'organizzazione della società avrebbe creato ingiustizie; che il paradigma del mercato applicato alla scuola avrebbe popolato il mondo di ignoranti supponenti nella migliore delle ipotesi, di ignoranti avidi nella peggiore.

Le autrici e gli autori di cui parlo non sono illustri sconosciuti che predicavano nel deserto o in luoghi esotici rispetto al *mainstream* della cultura occidentale: erano (e sono) intellettuali di successo. Magari nei salotti, o in qualche centro studi più avanzato. Poeti, scrittori, filosofi, pensatori, scienziati, persino (ma rari) economisti. Docenti universitari, autori le cui opere sono state tradotte in decine di lingue; anche quelli del passato erano "famosi", bisticciavano nelle loro cerchie, si mandavano lunghe lettere (alcune poi diventavano libri) da un capo all'altro del mondo per parlare di questioni interessantissime o per dirsi reciprocamente cosa pensavano delle rispettive pubblicazioni. Tutti sapevano cosa pensavano, perché tenevano conferenze pubbliche, vendevano i loro libri in esorbitanti numeri di copie. Non erano "marginali". Non se la raccontavano tra loro.

Il loro pensiero, tuttavia, non si è tradotto in economia, in politica, in ripensamento dei modelli dominanti. Anzi, le teorie che sostenevano esattamente il contrario di quello che dicevano loro avevano sempre la meglio nelle decisioni dei potenti. Perché? chiede il mio allievo. È così banale da essere imbarazzante: perché le loro teorie andavano in senso ostinato e contrario rispetto alla creazione di enormi profitti a vantaggio di un numero sempre più piccolo ma sempre più potente di individui, i quali vedevano nel contempo crescere la propria possibilità di influenzare le rotte dell'economia e (dunque) della politica.

Le teorie degli "inascoltati" puntavano a un altro genere di profitto, un profitto collettivo che aveva (e ha) a che fare con la giustizia sociale, con l'ecologia, con la prudenza, con la tutela del bene comune e con la volontà di evitare alcune grandi catastrofi; no, non avrebbero favorito l'accentramento della ricchezza nelle mani di pochi, e quei "pochi", visto che comandavano, semplicemente hanno deciso diversamente, non senza aver applaudito, quando possibile, le loro opere.

Non sono in grado di portare tutti loro a conversare nel medesimo luogo, non posso farlo nemmeno con quelli che sono ancora tra noi. Posso però radunarne alcuni, insieme alle loro sagge parole, usando questo libro come fosse l'enorme cappello sognato da Girani, per convocare poeti o romanzieri, scienziati o filosofi, economisti, attivisti o cantautori il cui sguardo lungimirante si è posato sul proprio tempo e – soprattutto – sul futuro, e le cui parole hanno provato a indirizzarci dalla parte giusta.

Perché era quella giusta, questo almeno lo possiamo dire.

Ora che persino le più alte istituzioni sovranazionali (l'Unione Europea con il Green New Deal, le Nazioni Unite con i 17 Obiettivi dell'Agenda 2030 per lo sviluppo sostenibile), sia pure con un irrecuperabile e imperdonabile ritardo, provano a condizionare l'azione politica e la produzione nella direzione della sostenibilità, potrà forse essere utile, prima che a qualcuno dei protagonisti contemporanei passi per la testa di rivendicare alcunché, un promemoria, come questa incompleta mappa delle voci cui non abbiamo badato. Ci avevano già detto, con la bellezza e la chiarezza di quelle parole nuove di zecca, tutto quello che ci serviva sapere.

Mi infilo, consapevolmente e senza protezioni, in un ginepraio: non ne uscirò indenne, ma credo valga la pena rischiare. I graffi arriveranno, e saranno giustificati, da parte dei tanti che conoscono bene almeno uno dei molti temi affrontati in queste pagine. Rimprovereranno leggerezza, superficialità, approssimazione e lacune. Avranno ragione, ma questo libro non è per loro.

Questo libro è una conversazione, forse un inizio di conversazione, con coloro che si avvicinano oggi – per interesse individuale o professionale – ai temi della sostenibilità e ne scoprono, sgomenti, la profondità e la complessità.

Spesso, alla fine dei miei interventi pubblici, qualcuno mi si avvicina per comunicarmi la desolazione che prova dopo aver sentito quel rosario di commenti e dati sulla salute pubblica, su come stanno le api, sui cambiamenti climatici, sullo stato dei mari, sulle manipolazioni della comunicazione... «C'è qualcosa che possiamo fare?» chiede. «Certo – rispondo –, ed è quel che abbiamo appena fatto. Informarsi, parlarne, studiare, scoprire chi ha studiato e detto cose utili prima di noi, questa è la base per poter cambiare comportamenti e politiche».

In questo volume provo a evidenziare le linee di riflessione, di indagine e di osservazione che, in particolare nell'ultimo paio di secoli, sono state messe a punto con tutta la lucidità, l'onestà e la chiarezza che servivano e che qualche volta oggi sembrano scarseggiare. Alcuni dei temi che affronteremo sono per molto tempo rimasti tabù, argomenti che chi riteneva di essere "moderno" o "scientifico" non doveva più sognarsi di tirare in ballo: dalla critica al sistema capitalistico al tema della dignità del lavoro; dall'equità sociale al rispetto dei beni comuni, dalla valorizzazione della cultura di genere a un'idea di universale fratellanza, che nulla ha a che vedere con la globalità delle relazioni di mercato. Discorsi che abbiamo confinato, di volta in volta, nelle enclave – spesso, peraltro, tutt'altro che anguste – religiose, o ambientaliste, o femministe, ma che sempre più scomparivano invece dall'orizzonte della politica dei governi, delle leggi, dell'economia.

Stanno tornando. Grazie alla pazienza di alcuni e all'irruenza di altri, quei temi stanno tornando ad avere ruolo e spazio nel dibattito pubblico di società che per decenni hanno tralasciato la coltivazione della consapevolezza ecologica, hanno dimenticato i nomi degli alberi, i segnali delle stagioni, hanno sempre più pensato alla natura come a un luogo in cui "andare" di tanto in tanto, invece di ricordare che la natura è quello che siamo, sempre.

Oggi che questi temi finalmente, per motivi non sempre nobili (ma accontentiamoci, per ora) tornano a popolare i mezzi di comunicazione e anche le chiacchiere informali tra vicini di casa, può forse servire uno strumento per scoprire da quant'è che queste cose, generazione dopo generazione, una parte dell'umanità le sta dicendo. Può essere utile per molte ragioni, tra le quali nomino il piacere di sentirsi parte di un flusso intergenerazionale di pensiero coerente, ma anche il comprendere che alcune "idee geniali" oggi spacciate come farina del proprio sacco da politici più o meno in buona fede (se sono in buona fede è perché sono ignoranti, sicché non saprei cosa preferire) in realtà sono provvedimenti invocati da decenni se non da secoli.

Mi riferisco agli inviti a recuperare una relazione con la natura, all'urgenza che la scuola abbia un ruolo nella costruzione di una coscienza ecologica della società, alla centralità del lavoro come elemento di realizzazione delle persone e delle relazioni tra loro, al fatto che è ora di disintossicarsi da consumi sganciati dai bisogni, alla riflessione sul tipo di economia che abbiamo creato e su come possiamo trasformarla, su quale idea di cura abbiamo maturato e a quale idea di profitto l'abbiamo contrapposta: questi sono i temi oggi su tanti dei nostri tavoli, e queste sono le linee di riflessione che seguo in questo libro, nella certezza, come ho detto, di aver tralasciato sia autori sia tematiche fondamentali.

Usate questo libro come fosse una metropolitana. Non è necessario percorrere tutte le linee e scendere a tutte le stazioni per vedere cosa c'è in superficie. Certo, se lo farete potrete dire di conoscere bene la città, ma libri come questo servono a chi di mestiere fa qualcos'altro. Prendete un percorso, sceglietelo in base ai vostri interessi e alle vostre curiosità, e quando arrivate in un posto che vi sembra interessante (ovvero: quando leggete una citazione che vi piace o vi convince particolarmente) scendete (lasciate questo libro) e visitate quel pezzo di città (cercate quell'autore e quell'opera, leggetela tutta). Se il gioco funziona potrete rifarlo e forse, un pezzetto alla volta, conoscerete davvero tutta la rete della metropolitana e forse anche quartieri che non erano sulla mappa.

I libri di chi ha studiato le cose prima di noi, i libri che hanno cambiato un pezzetto di mondo vanno letti, sia pure collocandoli nel loro contesto storico e scientifico. Se questo mio testo portasse qualcuno a leggere un libro che non aveva mai letto prima e che non avrebbe altrimenti scoperto, avrebbe raggiunto il suo scopo. Se poi – ma qui esagero – questo succedesse a qualcuno dei politici che stanno disegnando il nostro futuro comune, penserei di aver dato il mio contributo all'universo.

Mi piacerebbe moltissimo se gli insegnanti, di qualunque materia, riuscissero trovare almeno un aggancio per le loro lezioni di "educazione civica", quelle in cui dovrebbero, pur restando nell'ambito delle proprie competenze, parlare agli studenti di ecologia, sostenibilità, ambiente. Qualche fermata che potrebbe fare al caso loro c'è.

Anche per questo ho inserito accanto ai nomi degli autori scomparsi (accanto ai nomi degli autori viventi non ci sono date) gli anni della nascita e della morte: non è nozionismo, è un tema che va recuperato. Sapere in quale periodo e per quanto tempo sono vissute le persone da cui continuiamo a imparare è importante perché le cose che hanno detto e capito le dobbiamo mettere in relazione con il loro tempo storico (cosa è successo nel mondo o nel loro Paese mentre erano in vita) e con il loro tempo individuale (quanto tempo hanno avuto per capire e per studiare). Le biografie poi, che qui sono appena accennate e per ragioni di spazio nemmeno tutte, sono importanti per comprendere come leggevano il mondo. Marx era un caciarone, intelligentissimo e curioso di tutto e di tutti: lui ed Engels parlavano una quantità di lingue e corrispondevano con riviste e studiosi di tutto il mondo, alla faccia di internet che ancora non c'era; Leopardi è morto a 39 anni e ha guardato il mondo attraverso un fisico che non è mai stato per lui fonte di gioia; Rachel Carson ha scritto *Primavera silenziosa* mentre combatteva a colpi di chemio la sua battaglia per la vita, e l'ha persa, due anni dopo la pubblicazione del libro che ha avviato il pensiero ambientalista negli Stati Uniti. Le biografie non sono ininfluenti e relegarle alla voce "dettagli inutili" è il modo migliore per non capire che studiamo il pensiero e le azioni di persone uguali a noi, con i nostri pregi e i nostri difetti, che spesso hanno fatto le nostre stesse fatiche a farsi comprendere persino dai loro familiari: «Non pensi ad altro che ad andare a caccia, ai cani e ad acchiappare topi, e sarai una sciagura per te e per tutta la famiglia[1]» scrisse un medico furioso al figlio diciottenne che aveva abbandonato gli studi di medicina. Non un medico qualsiasi, ma Robert Darwin; non un diciottenne qualsiasi, ma suo figlio Charles.

L'obiettivo di questo lavoro è far capire quanto è antica e quanto è stata lucida la riflessione sui mali che oggi abbiamo sotto gli occhi: nel testo accanto ai titoli delle opere si indica l'anno della loro prima pubblicazione, mentre nella bibliografia che trovate in fondo a questo volume ci sono i dati delle edizioni che ho consultato. Sono solo poche decine i testi e gli autori che si rincorrono in queste pagine, ma vanno intesi come i portavoce di tutti quelli che mancano, i portabandiera di un pensiero che ha attraversato epoche, ambiti, discipline ed è ancora vivace e prolifico.

1. Citato in A. Wulf, *L'invenzione della natura*, 2017.

1. Sembrava un giorno qualsiasi

I giorni che portano guai hanno la pessima abitudine di iniziare come tutti gli altri. Se poi abiti nell'Eden e non hai una preoccupazione al mondo, anzi forse nemmeno sai bene cosa sia il mondo, i giorni si ripetono con la stessa ineffabile perfezione.

Eppure quel giorno l'armonia di tutte le cose viventi venne turbata. La solita chiacchierata mattutina tra Eva e il serpente prese una piega inattesa e tutta la giornata, e tutte le giornate a venire, per i secoli dei secoli, seguirono quella piega.

Ci sono degli svincoli, momenti in cui si può ancora evitare tutto e lo sappiamo benissimo: quando ci si offre una scelta e noi scegliamo, quando una domanda viene posta e noi rispondiamo, quando ci viene un'idea e non la ignoriamo.

Inoltre, Adamo ed Eva non avevano a che fare con un padrone di casa qualsiasi, ma con uno che aveva un lungo e significativo curriculum di stravaganze e comportamenti irrazionali, in particolare verso quanti avevano il privilegio della sua stima e del suo affetto. Li metteva alla prova, diceva lui.

Per esempio, devastando le loro oneste notti di riposo con continui richiami, come fece con il povero

Samuele, che tuttavia non smise mai di rispondere «Eccomi!» e di chiedere lumi al proprio padre (svegliandolo), tornando a dormire solo fino al successivo richiamo (e all'inossidabile «Eccomi!»), che l'avrebbe svegliato e portato di nuovo a chiedere al padre se aveva chiamato lui. Solo dopo il terzo o quarto richiamo il padre spiega a Samuele che quella era la voce del Signore che lo chiamava, la sua vocazione. Hai capito, sì? Bravo, dai, che forse ora si riesce a dormire un po'.

Oppure tempestandoli con ogni possibile sciagura, a cominciare da un pessimo matrimonio per continuare con la morte dei figli e degli animali, con la rovina dei campi e la distruzione della casa: Giobbe sopportava, sia pure domandandosi che diamine potesse aver mai fatto per meritare tanto accanimento. Niente, tranquillo Giobbe mio, non hai fatto niente, anzi. Era una prova.

O ancora facendo richieste assurde, come fece con il mite Abramo (e anche lui scattò: «Eccomi!») al quale chiese di sacrificare il figlio Isacco. Proprio quell'Isacco che era nato per un miracolo, un segno di benevolenza del divino. Partono quindi verso il monte, Abramo, Isacco e la legna per il sacrificio. Isacco è giovane ma non è scemo e comincia ad agitarsi: «Papà... non per impicciarmi ma... come mai andiamo a fare un sacrificio senza portare anche il montone?». «Fidati, non serve, poi ti spiego».

Insomma, un copione collaudato: irrazionalità nelle richieste, obbedienza nelle risposte, *coûp de théatre* finale e il gioco era fatto, si viveva tranquilli fino alla prossima stranezza. Non era difficile: Adamo ed Eva, francamente, potevano prevederlo. Ti dice di non mangiare i frutti di un albero determinato? Trovi che non abbia senso? Esatto! Quello è il segnale, obbedisci e tutto andrà liscio. Macché: il serpente propone la disubbidienza e loro due ci cascano subito. Poi, quando il Signore si arrabbia, provano a buttarla in caciara. Adamo lo chiama in correità: «La donna che *tu* mi hai messo accanto mi ha offerto la mela e io l'ho mangiata»; Eva, intellettualmente più onesta, ammette: «Il serpente mi ha ingannata e io ho mangiato», ma il senso di quel che dice non si allontana dalla posizione di Adamo: siamo a casa tua, giochiamo con le tue regole e le tue carte, hai creato noi, il serpente e l'albero, come potevo immaginare che fosse un bidone?

È così che inizia, secondo l'Antico Testamento, la storia dell'agricoltura: con un castigo, e prima, forse, una trappola.

Nel primo millennio a.C., durante il quale presumibilmente il libro della *Genesi* è stato scritto, l'uomo era agricoltore da un periodo relativamente breve, diciamo 10 000 anni. Sembrano tanti, ma vanno raffrontati con i 500 000 di presenza al mondo di *Homo sapiens*, il quale, peraltro, a dispetto di questa altisonante tassonomia, per i primi 400 000 anni era un Neanderthal parecchio rozzo e un po' impedito; solo negli ultimi 100 000, con l'uomo di Cro-Magnon, iniziò una fase evolutiva un po' più decisa, come racconta Jared Diamond in *Il terzo scimpanzé* (1991).

Su come e perché diventammo agricoltori ci sono diverse teorie e opinioni. Yuval Noah Harari, nel suo *Sapiens, da animali a dèi* (2011) interpreta il passaggio come un epocale passo falso, in questo aderendo alla narrazione dell'Antico Testamento. Eravamo liberi e forti, capaci e resistenti, dice Harari, quando dovevamo confrontarci con le foreste e la caccia. I nostri sensi erano potentissimi e conoscevamo i segni della natura alla perfezione. Invece ci siamo rammolliti con la sedentarietà, abbiamo scelto la comodità e la sicurezza, e questo ci ha cambiati, ci ha resi meno potenti fisicamente. Il processo di domesticazione che abbiamo avviato su piante e animali, scegliendo quelli meno idonei alla vita selvatica (gli esemplari di piante che non lasciavano cadere i semi e quindi si potevano mietere, invece di raccogliere da terra i semi caduti; gli animali meno aggressivi e intraprendenti...) lo abbiamo applicato anche a noi stessi e siamo diventati sempre meno bravi a cavarcela da soli senza un riparo, un piatto caldo e una qualche forma di abbigliamento. Ma soprattutto: prima non lavoravamo, mentre l'agricoltura ci ha costretti a pensare al futuro. Bisognerebbe ricordarglielo, ai tanti che pensano ancora che fare agricoltura sia roba da passatisti. Coltivare significa occuparsi di futuro. Ma su questo torneremo.

Diamond ha una visione meno idilliaca del nostro periodo preagricolo, basata anche sull'osservazione delle società di cacciatori e raccoglitori che ancora esistono. Secondo le sue esperienze, e in base anche a quanto risulta dai ritrovamenti fossili, la dieta delle società che vivono di caccia e raccolta si basa solo in minima parte sulle proteine animali procurate dai cacciatori. Ogni tanto la caccia va bene, qualche volta va straordinariamente bene. Ma nella maggior parte dei casi i gruppi di uomini che escono a caccia rientrano a mani vuote:

> «Gli studi condotti su molti cacciatori-raccoglitori moderni (...) mostrano che la fonte principale delle calorie consumate da una famiglia sono i vegetali raccolti dalle donne. Gli uomini cacciano di solito conigli e altre piccole prede, mai ricordate nelle storie eroiche narrate intorno al fuoco. A volte può accadere che gli uomini riescano ad uccidere un animale di grossa taglia, che viene a dare un contributo significativo al consumo di proteine; ma solo nell'Artico, dove è disponibile poco cibo vegetale, la caccia grossa diventa la principale fonte di cibo – e gli esseri umani non raggiunsero l'Artico se non 10-12mila anni fa. (...) Per la maggior parte della nostra storia non siamo stati grandi cacciatori ma solo abili scimpanzé, capaci di usare utensili in pietra per procurarci e preparare cibi vegetali e piccoli animali. Di tanto in tanto gli uomini uccidevano un animale di grossa taglia, e poi continuavano a raccontare senza fine la storia di quel raro evento».

Insomma, gli uomini a caccia, o più spesso a bighellonare tra i boschi senza costrutto, le donne nei dintorni di casa a raccogliere qualcosa per pranzo perché non si sa se tornano con qualcosa di sensato, e in ogni caso, se quando tornano hanno fame e vogliono mangiare *subito,* bisogna organizzarsi. La maggior parte delle volte, quindi, mangeranno vegetali *parlando* della preda che gli è miracolosamente sfuggita o – meglio – di quella che hanno preso, ma non quella volta lì.

In questa situazione di precaria programmazione dei pasti, come è iniziata "davvero" l'agricoltura? Probabilmente è iniziata guardando. I più attenti sono spesso grandi innovatori. Il cumulo dei rifiuti domestici si popolava di piantine e alcune avevano semi e frutti simili a quelli raccolti, mangiati o scartati. Era un caso? Bisognava provare, osservare va bene ma non basta.

Forse loro non lo sapevano, ma in quel momento iniziava la scienza della natura. «L'empirismo dell'osservazione – scrive Friedrich Engels in *La dialettica della natura*, pubblicato postumo nel 1924 ma scritto tra il 1873 e il 1883 – non può da solo dimostrare mai in modo soddisfacente la necessità». E rifacendosi a Hegel (*Enciclopedia delle scienze filosofiche in compendio*, 1817) continua: «*Post hoc*, ma non *propter hoc*. (...) La dimostrazione della necessità sta però nell'attività umana, nell'esperimento, nel lavoro; se io posso fare il *post hoc*, allora esso si identifica con il *propter hoc*».

Le dispute sull'empirismo, tuttavia, erano ancora lontane svariati millenni. Per il momento c'era una famigliola che faceva la cacca o sputava semi e qualcuno, o qualcuna, che si accorgeva che lì era nata una pianta e si domandava: come mai proprio qui? Sarà un caso (lo sputo e, *post hoc*, la piantina) oppure la piantina c'è proprio perché (*propter hoc*) avevo sputato là? Proviamo a rifarlo.

Ma per rifarlo ci vuole tempo, pazienza e, soprattutto, non bisogna essere nomadi. Forse le prime volte è successo con piante dal ciclo breve, e si sono avuti risultati nei tempi ragionevoli della permanenza di un gruppo nomade o seminomade in un certo luogo. Non lo sapremo mai nei termini esatti, ma è importante immaginare gli inizi dell'agricoltura come un passaggio – sociale, culturale, tecnico – graduale, in cui qualcuno continuava la vita solita (caccia, raccolta, chiacchiere a vanvera, spostamenti frequenti) e qualcun altro iniziava a sperimentare cose strane: la sedentarietà, l'agricoltura, l'allevamento. I primi agricoltori, sostanzialmente, furono degli stravaganti, almeno quanto lo sono oggi coloro che, dopo una laurea o abbandonando un mestiere prestigioso e redditizio, si approcciano alla produzione agricola con l'idea che il cibo debba essere, innanzitutto, il frutto di un ambiente sano e curato. Il coro dei commenti preistorici non doveva essere dissimile da quello odierno: «Ma chi te lo fa fare?».

Possiamo immaginare un mondo misto, articolato, probabilmente con qualche tipo di polemica tra chi faceva una scelta e chi faceva quella opposta, in cui i primi contadini avevano continuamente sotto il naso animali e persone appartenenti al mondo "selvatico" e che apparentemente erano molto più liberi di loro, avevano meno impegni, meno obblighi: Harari non ha tutti i torti. Fare gli agricoltori 10-12 000 anni fa doveva essere un inferno di fatica e frustrazione. L'agricoltore di allora era immerso in una natura invadente, onnipresente, che gli ricordava costantemente che tutti gli altri animali – eccetto lui – se ne stavano al mondo senza alcun bisogno di lavorare. Anche i suoi colleghi nomadi, come si diceva, non avevano l'aria di faticare granché.

La civiltà contadina, quella parte di umanità che sceglieva o comunque si trovava nella condizione di essersi stabilita in un solo luogo, legata a un determinato clima, a un determinato pezzo di terra, si doveva dare una spiegazione. Come mai erano molto meno liberi, molto più affaticati e apparentemente molto meno felici degli altri? Guardando gli altri, i nomadi, i pastori, gli animali liberi, la spiegazione non poteva che essere: da qualche parte dobbiamo aver sbagliato, sicuramente abbiamo provocato l'ira di qualcuno. Non sorprende, dunque, che appena si ebbero a disposizione gli strumenti per tracciare una storia universale dell'agricoltura la narrazione più plausibile fu proprio quella del castigo.

Adamo ed Eva mangiano la mela e grazie a questo primo atto di disubbidienza "si accorgono di essere nudi": è così che ci si accorge di essere usciti dal regno animale?

> «Poi udirono il rumore dei passi del Signore Dio che passeggiava nel giardino alla brezza del giorno, e l'uomo, con sua moglie, si nascose dalla presenza del Signore Dio, in mezzo agli alberi del giardino. Ma il Signore Dio chiamò l'uomo e gli disse: "Dove sei?". Rispose: "Ho udito la tua voce nel giardino: ho avuto paura, perché sono nudo, e mi sono nascosto".

Riprese: "Chi ti ha fatto sapere che sei nudo? Hai forse mangiato dell'albero di cui ti avevo comandato di non mangiare?".
Rispose l'uomo: "La donna che tu mi hai posto accanto mi ha dato dell'albero e io ne ho mangiato". Il Signore Dio disse alla donna: "Che hai fatto?". Rispose la donna: "Il serpente mi ha ingannata e io ho mangiato".
Allora il Signore Dio disse al serpente: "Poiché hai fatto questo, maledetto tu fra tutto il bestiame e fra tutti gli animali selvatici! Sul tuo ventre camminerai e polvere mangerai per tutti i giorni della tua vita. Io porrò inimicizia fra te e la donna, fra la tua stirpe e la sua stirpe: questa ti schiaccerà la testa e tu le insidierai il calcagno".
Alla donna disse: "Moltiplicherò i tuoi dolori e le tue gravidanze, con dolore partorirai figli. Verso tuo marito sarà il tuo istinto, ed egli ti dominerà".
All'uomo disse: "Poiché hai ascoltato la voce di tua moglie e hai mangiato dell'albero di cui ti avevo comandato: "Non devi mangiarne", maledetto il suolo per causa tua! Con dolore ne trarrai il cibo per tutti i giorni della tua vita. Spine e cardi produrrà per te e mangerai l'erba dei campi. Con il sudore del tuo volto mangerai il pane, finché non ritornerai alla terra, perché da essa sei stato tratto: polvere tu sei e in polvere ritornerai!"».

L'errore, la possibilità di prendere la decisione sbagliata mette tra noi e il resto della natura un abisso incolmabile. Gli animali non sbagliano, la natura non fa la cosa sbagliata. Né, d'altro canto, fa la cosa giusta: fa quello che succede, in un concatenarsi di reazioni e relazioni che seguono il loro corso. Forse l'Eden era proprio questa mancanza di pensiero giudicante, sul nostro operato così come su quello altrui: un flusso di natura in cui eravamo immersi e nel quale non eravamo mai chiamati a scegliere, a decidere.

Il dio dell'Antico Testamento però, come abbiamo visto, ha frequenti sbalzi di umore che, se lo portano ad accanirsi inspiegabilmente contro Giobbe o Abramo, fanno anche sì che mitighi la sua ira con provvedimenti misericordiosi. Quei due derelitti se ne stavano lì, mortificati e coperti con ridicole foglie di fico intrecciate che avevano messo insieme con le limitate capacità manuali di chi non ha mai lavorato un giorno nella vita, e lui un po' si intenerisce, prova a far pace, come ogni padre dopo una sfuriata, riconoscendo che i figli disubbidendo manifestano il loro carattere, diventano adulti. Il compito dei padri è farli crescere e lasciarli andare: levatevi 'ste frasche di dosso, ve li faccio io due vestiti decenti.

> «Il Signore Dio fece all'uomo e a sua moglie tuniche di pelli e li vestì. Poi il Signore Dio disse: "Ecco, l'uomo è diventato come uno di noi quanto alla conoscenza del bene e del male. Che ora egli non stenda la mano e non prenda anche dell'albero della vita, ne mangi e viva per sempre!". Il Signore Dio lo scacciò dal giardino di Eden, perché lavorasse il suolo da dove era stato tratto».

Come uno di noi. Sicché è questo che ci fa uscire dallo stato di natura: sapere che, nell'ambito del nostro universo, un sottoinsieme dell'universo di natura, esistono il bene e il male, e dover decidere. Avere dunque la possibilità di scegliere il male, coscientemente o perché non siamo stati in grado di riconoscerlo. Nella nostra lunga storia qualche cantonata significativa l'abbiamo presa, come vedremo, e non sempre è facile, o possibile, cambiare rotta quando ci si accorge che la decisione presa era sbagliata, o che l'idea che ci sembrava geniale forse aveva bisogno di un po' di pensiero in più, se non nella fase del concepimento, quantomeno durante l'applicazione pratica. Nel prossimo capitolo vedremo tre esempi.

2. Tre disastri da Nobel

Le scoperte scientifiche, i momenti in cui qualcuno capisce una cosa nuova o scopre una connessione che nessuno prima aveva visto, sono sempre momenti positivi e dobbiamo - come umanità - andarne fieri.

In *La dialettica della natura* di Engels leggiamo i suoi appunti sulle *Lezioni di storia della flosofia* di Hegel (1779-1831). A proposito del fatto che Pitagora scoprì che la luna riceve luce dal sole, Hegel dice:

> «Pitagora avrebbe sacrificato un'ecatombe in occasione della scoperta di questo teorema. E per quanto strano possa essere che la sua gioia sia arrivata al punto di indire per questo motivo una grande festa, alla quale vennero invitati i ricchi e tutto il popolo, ne valeva la pena. È allegrezza, gioia dello spirito (conoscenza) – a spese dei buoi».

Raramente i lettori riescono a cuor leggero a concordare con Hegel, ma questa è una di quelle volte: sapere di più, andare avanti a capire come funziona l'universo non può che essere una festa per tutti. Anche sulla conoscenza come bene comune torneremo più avanti, ma per ora pensiamo ai Nobel.

Quando il Nobel non c'era

Il Premio Nobel esiste dal 1901. Per questo, prima di iniziare i nostri tre esempi, dobbiamo rendere giustizia alla vita e alle opere di Justus von Liebig (1803-1873), il quale deve la sua fama non solo e non tanto all'estratto di carne il cui processo mise a punto e industrializzò nell'ultima parte della sua carriera, ma alla scoperta di Nicolas-Théodore de Saussure (1767-1845). Liebig, per ragioni anagrafiche, la sua "festa collettiva" non l'ha avuta, quindi celebriamolo un po' qui.

Il problema che ci porremo tra poco è: come verrà usata quella conoscenza? Con quanta prudenza? Da chi? Contro chi o cosa? A beneficio di chi e cosa? Che tipo di beneficio? Non si era posto queste domande nemmeno lo svizzero Saussure, il primo a capire che le piante consumano anidride carbonica che sottraggono all'aria e sostanze minerali che sottraggono al suolo. Liebig, tedesco, fa parte della generazione successiva di ricercatori e porta un po' più avanti il ragionamento, individuando nell'azoto (presente nell'aria) e nel fosforo (presente nel suolo) i più importanti degli elementi necessari alle piante. Ancora scoperte, ancora motivi per festeggiare.

Con Liebig la strada dell'agricoltura si biforca: da un lato, grazie alle sue scoperte, inizia un'agricoltura intensiva che fino ad allora non si era mai vista sulla faccia della Terra, dall'altro si crea un movimento resistente, "alternativo" come scrivono Concetta Vazzana e Paola Migliorini nel saggio *Storia dell'agricoltura alternati-*

va (che fa parte del VI volume di *La cultura italiana*, Utet 2009) proprio per sottolineare «la contrapposizione all'agricoltura intensiva che si è sviluppata nei paesi industrializzati a partire dalla diffusione dei concimi chimici di sintesi (in particolare di quelli azotati) e alla meccanizzazione che trasformarono, per la contemporaneità di radicali mutamenti economici e sociali, il settore agricolo dall'autosussistenza alla produzione agroindustriale». Nel 1840 Liebig dà dignità di formula a un'intuizione che già da qualche anno era discussa nell'ambiente dell'agronomia e che lui chiama Legge del minimo. Si tratta dell'idea che per la crescita di una pianta la cosa importante non sia la somma di tutte le risorse naturali disponibili, ma la disponibilità della più scarsa. Insomma, con un approccio decisamente non nuovo, quello riduzionista che tende a spezzettare i problemi e a risolverli un frammento alla volta senza tener conto delle connessioni e delle conseguenze, Liebig si concentrò sull'azoto e sul fosforo, capì che erano elementi chiave, e da quel momento nacquero i fertilizzanti di sintesi, con relative fabbriche produttrici che si diffusero in Germania.

Il fosforo in natura si trova nelle rocce ed è molto importante per il metabolismo delle cellule (infatti torna alla terra anche grazie agli organismi che muoiono e si decompongono). Arriva alle piante attraverso il suolo con sofisticati meccanismi di elaborazione e trasferimento. L'azoto è una componente dell'aria. È la parte che non serve a chi respira. Per questo si chiama azoto, una parola composta da *zoé* che in greco significa vita e da un'alfa privativa. A-zoto. Non vitale. Oggi noi sappiamo che solo le leguminose sequestrano l'azoto dall'aria e lo trasferiscono nel suolo (dove poi tutte le altre piante possono usarlo), ma Liebig all'epoca pensava che il meccanismo funzionasse per tutti i vegetali: il sistema induttivo – che dal particolare trae leggi generali – molto spesso non funziona, come vedremo più avanti e come Darwin dimostrerà in maniera irreversibile.

A volte l'etimologia riesce a essere ironica, non solo perché l'azoto è decisamente vitale per le piante, ma soprattutto perché l'azoto e il fosforo sono componenti fondamentali per la fabbricazione di esplosivi. Quindi non vitali lo diventavano veramente, anzi decisamente mortali. Infatti la diffusione in agricoltura dei fertilizzanti chimici crebbe esponenzialmente dopo le due guerre mondiali (in particolare dopo la seconda) quando si disponeva di moltissime eccedenze di fosforo e azoto in cerca di nuovi mercati. Abbiamo spostato gli strumenti di morte dai campi di battaglia ai campi coltivati. Liebig, che aveva iniziato la sua carriera facendosi cacciare dal liceo che frequentava per aver fatto esplodere una miscela da lui creata, doveva avere ben chiara la faccenda fin dall'inizio.

L'approccio riduzionista si inserisce perfettamente in quella che Enzo Tiezzi (1938-2010), uno degli studiosi che più hanno contribuito al formarsi del pensiero ecologico in Europa e non solo, chiama, nel già citato volume di *La cultura italiana*, «la sistematica banalizzazione del vivente». Ora: perché questa banalizzazione, questa frammentazione, questa ignoranza attiva (l'atto dell'ignorare, non la mancata conoscenza) hanno avuto e ancora hanno un innegabile successo? La risposta è ancora più banale del processo: perché consentono grandi e tutto sommato facili profitti, grazie alla rapida trasformazione delle conoscenze in applicazioni pratiche che necessitano di aziende e generano prodotti vendibili.

La reazione all'approccio riduzionista, o industrialista, non è iniziata ai giorni nostri: l'Ottocento è stato un secolo straordinariamente fertile di idee, dibattiti e creazione di scuole di pensiero. Tra i contemporanei di Liebig, da ogni disciplina, si levarono perplessità. Lo stesso Engels nella citata *Dialettica*, che prende forma una trentina d'anni dopo l'exploit di Liebig, scrive:

> «La dimostrazione di quanto Liebig fosse un dilettante in biologia, che è pur scienza confinante con la chimica, è degna di nota. Egli lesse Darwin appena nel 1861, e solo molto più tardi gli importanti scritti biologici e paleontologico-geologici che seguirono Darwin. Non aveva mai letto Lamarck».

A parziale discolpa di Liebig va detto che *L'evoluzione delle specie* di Darwin uscì nel 1859, e fu il testo che lo rese noto nel mondo. Tuttavia, per quell'epoca e quell'ambiente scientifico scoprire Darwin a due anni dall'uscita della sua opera principale era evidentemente uno scandalo, se eri uno scienziato. (Erano ancora lontani i tempi in cui una candidata alla presidenza di una Regione avrebbe potuto a) dichiarare serenamente di non leggere un libro da tre anni e b) poco tempo dopo essere nominata sottosegretaria al ministero dei Beni Culturali. Sul caso di specie propongo, inoltre, di sospendere il dibattito su *post hoc* e *propter hoc*).

A totale giustificazione di Engels, invece, va detto che *L'evoluzione delle specie* di Darwin non fu semplicemente un altro trattato scientifico che si affacciava al mondo dell'editoria di settore. Fu una rivoluzione di portata epocale. Le osservazioni e la teoria di Darwin investirono non solo la scienza ma anche la filosofia, perché risolsero dilemmi millenari sull'origine del mondo, scardinando un sistema binario che obbligava a scegliere rispetto a un "aut-aut" che da quel momento non fu più proponibile. Una quindicina d'anni dopo la pubblicazione di *L'origine delle specie*, Engels scrive in *La dialettica della natura*:

> «(...) perfino la linea di separazione tra vertebrati e invertebrati non è già più rigida, tanto poco quanto lo è quella tra pesci e anfibi, e quella tra uccelli e rettili scompare ogni giorno di più. (...) "O questo o quello!" diventa sempre di più insufficiente».

Era cambiato, grazie a un libro, lo sguardo dell'uomo sull'universo, e dunque, per questo solo fatto, era cambiato in qualche modo l'universo stesso. Da qui nasce, per Engels, il senso di una "dialettica" della natura: dal porre al centro dell'osservazione le cose nel loro rapporto, anziché nel loro isolamento.

Siamo nel pieno del dibattito tra riduzionismo e complessità, dibattito antichissimo: inizia forse con Eraclito (VI-V secolo a.C.), che parlava per aforismi – o forse siamo noi che abbiamo ritrovato solo frammenti – ma in ogni caso quando diceva che è impossibile scendere due volte nello stesso fiume intendeva proprio parlare del cambiamento incessante e inevitabile che caratterizza tutto quello che sta al mondo.

In ogni caso, la "festa" per la scoperta di Darwin non vide tutti partecipare con pari entusiasmo, anzi: la scuola del pensiero cosiddetto induttivo (che dall'osservazione del particolare riteneva di poter formulare leggi generali), peraltro iniziata con Aristotele circa 2300 anni prima, e tutta la folta schiera dei "creazionisti" (che sostenevano – e sostengono – che tutte le specie sono state create da Dio all'inizio dei tempi e sono pertanto immutabili) si indispettirono non poco. Ma Darwin aveva badato a corredare le sue teorie di prove e sperimentazioni: non per niente tra il rientro dalla spedizione a bordo del Beagle e la pubblicazione dell'*Origine* erano passati quasi trent'anni. Un'accusa di blasfemia non era certo quello che andava cercando all'apice della carriera.

Ma veniamo finalmente ai nostri Nobel.

I fertilizzanti di sintesi

Il lavoro iniziato da Liebig fu perfezionato da due scienziati tedeschi appartenenti alla generazione successiva, Carl Bosch (1874-1940) e Fritz Haber (1868-1934). Il processo da loro messo a punto per sintetizzare l'ammoniaca dall'azoto presente nell'aria fu una vera svolta per l'industrializzazione della produzione dei fertilizzanti chimici e il Nobel per la Chimica venne assegnato ad Haber nel 1918 con una motivazione che fa riferimento sia all'aspetto tecnico (la sintesi dell'ammoniaca) sia ai «grandi benefici per l'umanità».

È tutto chiaro? Si usa come materia prima *l'aria*. Dalla frazione di azoto presente nell'aria si estrae l'ammoniaca, che è la base per la produzione su scala industriale di fertilizzanti di sintesi. Qualcuno si chiede ancora come mai i fertilizzanti costino così poco? Direte: ma anche i fertilizzanti organici costano poco, anzi non costano nulla perché sono deiezioni animali e scarti agricoli. Non è vero. I fertilizzanti organici costano lavoro, sapienza, attesa, pazienza e delicatezza. Sulla porta della stalla non ci sono le istruzioni per l'uso, bisogna che qualcuno insegni e qualcuno impari come far maturare il letame, bisogna saperlo *fare*, bisogna capire quando è pronto. Prima ancora, bisogna avere animali sani, che mangino e vivano in modo adeguato, le cui deiezioni non contengano residui di antibiotici o altre sostanze che è meglio non entrino in contatto con il suolo.

Insomma, con i concimi di sintesi si svolta: non sono più necessari tutto quel lavoro né tutta quella bravura. Si fa come c'è scritto sulla confezione o – peggio – come dice quello che ce la vende.

Già nel 1940, poco più di vent'anni dopo il conferimento di quel Nobel, Albert Howard scriveva, nel suo *An agricultural testament*[2], che l'Occidente non era più capace di trattare il letame adeguatamente. Nel testo in cui raccoglie le esperienze dei decenni passati in India (dove era stato mandato dalla Corona inglese per portare la conoscenza del Regno in merito allo sviluppo agrario e rurale, e da dove, invece, tornò grato per le lezioni apprese) Howard insiste come un disco rotto sull'importanza della fertilità del suolo. Liebig aveva elaborato la già menzionata Legge del minimo, Howard elabora la Legge del ritorno. Nella prefazione del *Testamento* dichiara:

> «Scopo di questo libro è richiamare l'attenzione sulla distruzione del capitale della Terra, il suolo, indicarne alcune conseguenze e suggerire metodi con cui ripristinare e mantenere la fertilità perduta».

E la prima frase del capitolo 1 è questa:

> «Mantenere la fertilità del terreno è il primo requisito di ogni sistema agricolo permanente».

Criticando i metodi agricoli dell'Occidente (proprietà troppo estese, monocolture, sostituzione degli animali con le macchine che «non espellono orina e letame e quindi non contribuiscono in alcun modo a

2. Pubblicato in italiano da Slow Food Editore con il titolo *I diritti della terra*, vedi bibliografia di questo volume.

mantenere la fertilità del suolo»), tocca anche il tema dei concimi artificiali:

> «La concimazione in Occidente è caratterizzata dal ricorso a prodotti artificiali. Le fabbriche che nella Grande Guerra erano impegnate a fissare l'azoto atmosferico per produrre esplosivi hanno dovuto trovare altri mercati e l'uso di fertilizzanti azotati è cresciuto, tanto che oggi la maggioranza degli agricoltori e degli ortolani basa il proprio programma di concimazione sulle forme più economiche di azoto (N), fosforo (P) e potassio (K) che si trovano sul mercato. Quella che possiamo opportunamente definire la mentalità NPK domina la coltivazione (...). Interessi acquisiti radicatisi in un momento di emergenza nazionale esercitano una stretta mortale».

Howard non ignora le ragioni del successo della chimica in agricoltura, le conosce e le capisce, ma sa anche che il successo delle innovazioni in agricoltura va misurato con i tempi lunghi della natura e non con quelli affannati del mercato:

> «I concimi artificiali comportano meno lavoro e meno pene di quello naturale. Il trattore è superiore al cavallo quanto a forza e velocità di lavoro, non ha bisogno di nutrirsi né di costose attenzioni durante le lunghe ore di riposo. Questi due fattori hanno facilitato la conduzione della fattoria e si è ottenuto un saldo soddisfacente tra profitti e perdite: per il momento paga. Ma questa medaglia ha un'altra faccia. I prodotti chimici e le macchine non contribuiscono affatto a mantenere in buona salute il

terreno. Se li si utilizza, i processi di crescita non saranno mai in equilibrio con quelli di decomposizione. Tutto ciò che possono fare è trasferire il capitale del suolo sul conto corrente, come diviene molto più chiaro quando i tentativi oggi in atto di coltivare senza animale alcuno vanno incontro all'inevitabile insuccesso».

Trasferire il capitale dal suolo al conto corrente. 1940. Quel Premio Nobel aveva appena ventidue anni di anzianità e il disastro era già sotto gli occhi di tutti coloro che volevano vederlo.

Anzi, c'è di più: il disastro era già chiaro molto prima del Nobel. Lo stesso Liebig, nel 1861 (dieci anni prima di morire, venti dopo la formulazione e la messa in pratica della Legge del minimo e quattro anni prima di fondare la Liebig per la produzione dell'estratto di carne), pubblica quello che è considerato il suo testamento intellettuale, dal titolo *Die Spitze meines Lebens* (che si potrebbe tradurre come "l'apice della mia vita"), nel quale ammette che le sue pratiche si sono rivelate dannosissime:

«Confesso volentieri che l'impiego dei concimi chimici era fondato su supposizioni che non esistono nella realtà. Questi concimi dovevano portare una rivoluzione completa in agricoltura. Il concime di stalla doveva essere completamente escluso e tutte le materie minerali, asportate dai raccolti, sostituite con concimi chimici. Il concime doveva permettere di coltivare su di uno stesso campo, senza discontinuità e senza esaurimento, sempre la stessa pianta, il trifoglio, il grano ecc., secondo la volontà e i bisogni dell'agricoltore. Avevo peccato contro la saggezza del Creatore e ho ricevuto la dovuta punizione. Ho voluto portare un miglioramento alla Sua opera e nella mia cecità ho creduto che nel meraviglioso concatenamento delle leggi che uniscono la vita alla superficie della terra, rinnovandola continuamente, un anello era stato dimenticato, che io povero verme impotente, dovevo fornire».

Celebrato quando aveva inventato un prodotto da vendere che consentiva profitto e ignorato quando aveva da offrire solo appoggio alle buone pratiche agronomiche per il mantenimento della fertilità del suolo, nel segno di quella Legge del ritorno che Howard formulerà circa ottant'anni più tardi, nemmeno Liebig sfugge alla logica del mercato.

Liebig muore e Howard nasce nel 1873. Ma nel 1881 Darwin mette a segno un altro colpo da maestro con la pubblicazione di *The Formation of Vegetable Mould, through the Action of Worms, with Observation on Their Habits* (La formazione del terriccio vegetale attraverso l'azione dei vermi, con osservazioni sulle loro abitudini), un libro che raccoglie decenni di meticolose osservazioni e sperimentazioni nelle quali ha coinvolto buona parte della sua numerosa famiglia, e che diventerà, nel Novecento, il testo fondamentale dei pionieri dell'agricoltura biologica.

Nell'introduzione, presentando l'argomento, Darwin offre al pubblico uno dei capisaldi dell'ecologia:

«È un argomento che può apparire insignificante, ma vedremo come invece sia di qualche interesse, e che la massima de *minimis lex* non curat non si possa applicare alla scienza».

La legge si può permettere di non occuparsi dei minimi particolari, la scienza, in generale, no, e ancora meno può farlo la scienza che studia il vivente. Ancora oggi si fa fatica a divulgare questo concetto, nonostante i tanti casi di "minimis" che sono diventati poco per volta problemi giganteschi, come succede con la moria delle api ("minimis" loro e ancor più "minimis" le soglie per loro dannose di contaminanti). Dovremmo, almeno noi che abbiamo assistito a più un paio di disastri nucleari (incidentali o militarmente programmati), aver capito molto bene che l'idea di stabilire "massime concentrazioni ammissibili" non ha alcun senso dal punto di vista pratico. Lo spiega chiaramente l'economista Ernst Friedrich Schumacher (1911-1977), detto Fritz, in *Piccolo è bello. Uno studio di economia come se la gente contasse qualcosa* (1973), citando non le riflessioni di oziosi filosofi ma una dichiarazione del Laboratorio per la difesa radiologica della Marina americana a proposito dell'esposizione agli elementi radioattivi:

«Poiché non sappiamo se si può guarire completamente da questi effetti, dobbiamo accontentarci di un'arbitraria scelta della quantità sopportabile, cioè ciò che è "accettabile" o "ammissibile": non è una scoperta scientifica, ma una decisione amministrativa».

Lo stesso ragionamento potremmo applicarlo in tanti altri ambiti, come quello dei residui chimici – sempre legali – nei prodotti da agricoltura convenzionale o per quelli presenti nell'acqua: nel 1986, in Italia, quando ci si rese conto che la maggior parte dell'acqua potabile, e in particolare quella della pianura padana, aveva livelli di atrazina superiori ai limiti di legge, non si trovò nulla di più sensato da fare che modificare la normativa alzando quei limiti di 10 volte. L'atrazina è un diserbante, all'epoca molto usato per il diserbo chimico del mais; ha effetti cancerogeni piuttosto probabili e sicuri effetti di distruzione endocrina. Qualche anno dopo in Italia ne fu vietato l'uso, ma quell'episodio resta emblematico per capire con quale cinica superficialità vengono spesso affrontate le questioni in cui le logiche del vivente minacciano il profitto. La reazione quasi istintiva dei decisori politici sembra essere quella di proteggere il profitto.

Sicché, per quanto ripugnante possa apparire l'idea se osservata a partire da un livello medio di civilizzazione, è ancora necessario che associazioni, comitati e un pezzo di ricerca continuino a difendere la natura dalla politica, la quale subisce le pressioni di chi usa la natura per fare profitto, incolonnando le vittime alla voce "progresso".

Il Ddt

Il secondo Nobel, di trent'anni più vecchio del primo, viene assegnato nel 1948 al ricercatore svizzero Paul Müller (1899-1965) «per la sua scoperta dell'efficienza del DDT come veleno di contatto contro diversi artropodi». Gli anni Quaranta sono una decade importante nella storia della convivenza di uomini e insetti; scoprire che quel composto, sintetizzato per la prima volta da un farmacista viennese nel 1873, era un insetticida potentissimo riempì di entusiasmo quanti stavano cercando di venire a capo non solo del fastidio causato dalla presenza di pidocchi, pulci, zanzare e simili, ma anche – e soprattutto – delle gravi malattie trasmesse da loro all'uomo: tifo, peste, malaria... Il chimico Müller, infatti, ebbe il Nobel non per la Chimica ma per la Medicina.

Leggendo le dichiarazioni del Comitato per il Nobel l'entusiasmo è evidente:

> «Il DDT è stato utilizzato in grandi quantità nell'evacuazione dei campi di concentramento, delle prigioni e dei deportati, senza dubbio questa sostanza ha già salvato la vita e la salute di centinaia di migliaia di persone».

Dopo questo primo impiego drammatico, l'Italia fu il luogo in cui il composto venne usato subito con i risultati più confortanti: per fermare un'epidemia di tifo (trasmesso dai pidocchi) nel 1944 a Napoli, il Ddt fu spruzzato direttamente sulle persone, sopra e sotto i vestiti; per debellare la zanzara anofele (vettore della malaria) dalle zone paludose della Sardegna venne utilizzato sia all'aperto sia al chiuso e, dato il successo, la pratica si estese a tutta Europa e al Nordamerica. Gravi problemi, gravi soluzioni, si dirà. Ma la maggior parte di coloro che hanno più di quarant'anni ricorda l'uso disinvolto che in ogni casa "pulita" (anche quelle molto lontane dalle zone malariche) si tendeva a fare di questo prodotto, il cui nome commerciale era Flit. *Ammazza la mosca - col Flit* era il jingle che tutti sapevano canticchiare e che divenne estremamente popolare, al punto che, come spesso succede, fu poi informalmente modificato in una quantità di varianti (la più famosa, solitamente dedicata a suocere con un inossidabile senso dell'umorismo, era «ammazza la vecchia – col cric»). Il motivetto allegro e la facilità d'uso distoglievano l'attenzione dell'opinione pubblica dalle caratteristiche di estrema tossicità e stabilità della molecola, il cui uso indiscriminato in ambito non solo domestico, ma anche agricolo, iniziò immediatamente.

Immediatamente iniziarono anche i danni. Il testo di riferimento sul tema uscì nel 1962 e si intitola *Primavera silenziosa*, opera di una biologa e zoologa, Rachel Carson (1907-1964). Testo – come si è detto – fondativo del movimento ambientalista americano, *Primavera silenziosa* raccoglie i dati di circa vent'anni di uso del Ddt nelle campagne statunitensi. L'introduzione all'edizione 1994 è firmata da Al Gore, vicepresidente degli Stati Uniti (lo fu per entrambe le presidenze Clinton, 1993-2001) e si apre con questa frase:

> «Per chi ricopre una carica pubblica elettiva scrivere di Primavera silenziosa è un'esperienza umiliante: il libro di Rachel Carson, pietra miliare dell'ambientalismo, è la prova innegabile di quanto il potere di un'idea possa essere di gran lunga più forte del potere dei politici. Nel 1962, quando Primavera silenziosa venne pubblicato per la prima volta, la parola "ambiente" non faceva parte del vocabolario politico».

Ancora una volta un libro cambia il mondo, o perlomeno lo sguardo di tante persone sul mondo. Non aderisco totalmente all'entusiasmo con cui Gore osserva come le idee possano essere più forti del potere e credo che questa convinzione non la condividesse nemmeno la Carson quando lamentava il fatto che le cognizioni necessarie a non danneggiare l'ambiente già c'erano (e siamo parlando di sessant'anni fa) ma la politica – per citare un altro grande classico americano – francamente se ne infischiava. Ne sapeva bene qualcosa lei, che fino al 1952 aveva esercitato la sua professione di biologa presso il ministero dell'Agricoltura degli Stati Uniti:

> «Facciamo studiare i nostri ecologi nelle università – scrive in *Primavera silenziosa* – e li inseriamo nelle commissioni governative, ma raramente ascoltiamo i loro consigli. E permettiamo che la pioggia letale di prodotti chimici continui a cadere come se non ci fossero alternative: le alternative

> invece esistono e sarebbero anche più numerose se la nostra capacità inventiva venisse indirizzata in questo senso».

"Pioggia" non era una metafora. Il Ddt nelle campagne americane (e non solo) veniva irrorato da aerei che sorvolavano ampie regioni senza riguardo né per le colture, né per le case, né per i fiumi o i laghi e men che meno per le aree non coltivate né abitate dall'uomo:

> «(...) abbiamo imposto il contatto con questi veleni a una gran parte della popolazione senza chiedere il suo consenso e, spesso, a sua insaputa. Se il Bill of Rights [la Costituzione americana] non contempla una garanzia contro i veleni mortali diffusi da privati o da pubblici ufficiali, ciò è certamente solo perché i nostri antenati, nonostante la loro saggezza e la loro antiveggenza, non potevano concepire una tale eventualità».

Il libro dettaglia il lungo e sconfortante elenco delle specie, delle zone e delle acque danneggiate dal Ddt, illustrando le concatenazioni vitali che portano alla perdita di intere generazioni di animali, e in particolare a quelle primavere senza canto di uccelli, che erano in quel periodo il più evidente segnale di disordine per quanti abitavano nelle aree rurali americane.

Il Ddt non si degrada nell'acqua, viaggia per lunghe distanze spostato dal vento senza lasciarsi modificare dall'aria, permane nei suoli e negli organismi viventi per decenni, accumulandosi. Gli uccelli non morivano "direttamente" per il Ddt, tant'è che solo in alcuni casi si sono trovate quantità significative di uccelli adulti morti. Il grosso del danno era invisibile: gli uccelli mangiavano i vermi che si erano cibati delle carcasse contaminate degli insetti; questo alterava le loro capacità riproduttive e li portava a deporre uova vuote, o dalle quali uscivano pulcini malformati che sopravvivevano poche ore; o uova con gusci troppo sottili, che si aprivano prima che il pulcino fosse formato. Il silenzio della primavera arrivò con la generazione successiva di volatili. I pesci, anche loro, non morivano, se non in parte, direttamente per la quantità di Ddt che, sparso dall'alto, contaminava l'acqua. Morivano perché si nutrivano di insetti morti per via del Ddt, a volte, ma più frequentemente perché il Ddt che arrivava nell'acqua, oltre a uccidere gli insetti, contaminava le uova dei pesci. Alcuni pesci si nutrivano di quelle uova, senza morirne, e a loro volta diventavano cibo per altri pesci, in un meccanismo di accumulo dell'elemento tossico che passava di taglia in taglia attraverso le specie, in qualche caso uccidendole, in altri lasciandole vivere quanto bastava perché venissero pescate o acquistate e portate a casa per cena. In qualche caso la morte faceva un percorso più articolato. I pesci non morivano ma diventavano ciechi, perciò incapaci di nutrirsi e di difendersi dai predatori.

In alcune regioni della Mongolia, Paese nel quale ho avuto la fortuna di lavorare parecchi anni fa, i pesci sono considerati «i guardiani del mondo» perché non chiudono mai gli occhi.

Abbiamo accecato, per anni, i nostri guardiani.

L'unico elemento che riesce a "intrappolare" il Ddt è il grasso, e infatti gli organi più ricchi di grasso sono i più danneggiati perché è lì che il composto si accumula, dopo essere stato non solo respirato ma ingerito attraverso cibi grassi contaminati. Ancora Carson:

> «Nel normale chimismo del corpo umano si riscontra proprio una tale disparità tra causa ed effetto: un quantitativo di iodio pari a 0,2 milligrammi può essere questione di vita o di morte. E siccome queste piccole aliquote di antiparassitari si depositano cumulativamente e vengono eliminate con grande lentezza, la minaccia di intossicazione cronica o di processi degenerativi nel fegato e in altri organi è una realtà indiscutibile».

Si torna a Darwin: *de minimis natura curat*, eccome. Rachel Carson sapeva di che cosa parlava per diversi motivi, il principale dei quali era la sua solida competenza scientifica. Oltre a questo, lei stava lottando contro un cancro che la uccise due anni dopo la pubblicazione di *Primavera silenziosa*. Né lei né il Nobel Müller (che morì nel 1965) fecero in tempo a vedere il Ddt bandito dagli Stati Uniti nel 1973 e in Europa intorno al 1978. Bandito per ciò che riguarda l'uso, perché basta fare qualche analisi di suoli e acque per ritrovarlo ancora oggi. Senza contare i tanti Paesi in cui è ancora consentito o addirittura ritenuto necessario per questioni di salute pubblica, sicché i fabbricanti continuano a fare profitto pur conoscendone perfettamente le "controindicazioni".

Per le scoperte e le dimostrazioni scientifiche di Carson non ci fu alcuna festa: le ditte produttrici, alleate con tutto l'indotto (la tecnica necessaria per l'irrorazione, dagli erogatori agli aerei; tutto il personale occupato) e con una buona parte del mondo della medicina (che continuava a vedere solo il pezzettino che lo riguardava, ovvero la lotta contro le malattie trasmesse all'uomo dagli insetti), fecero fronte comune in una inedita campagna di discredito scientifico verso di lei in quanto ricercatrice e, credo sia superfluo sottolinearlo (ma non si sa mai), in quanto donna. Forti di un Nobel che comunque continuava a esercitare il suo prestigio e di una visione antropocentrica della natura, avversarono il punto chiave delle affermazioni di *Primavera silenziosa*, ovvero l'inestricabile interconnessione del vivente, attraverso le parole di Robert White-Stevens (1912-1978), una delle massime autorità, allora, nell'ambito della ricerca pubblica in agricoltura:

> «La signora Carson considera l'equilibrio proprio della natura la principale forza nella sopravvivenza dell'uomo. Al contrario, i chimici moderni, i biologi moderni e gli scienziati credono che sia l'uomo a controllare saldamente la natura[3]».

Ancora visioni riduzioniste contro visioni complesse. Linearità dell'attenzione al profitto contro la visione integrata che presuppone la cura. Per buon peso,

3. Citato da Al Gore nella prefazione all'edizione del 1994.

poi, arrivano le questioni di genere, non si sa quanto intenzionalmente, nell'escludere Carson dall'elenco dei chimici, dei biologi e degli scienziati "moderni" per farla accomodare nel più rassicurante recinto delle "signore".

Il Ddt continua a essere usato nei Paesi africani e asiatici in cui imperversa la malaria, dunque continua a essere prodotto e venduto. Fino a quando non si troverà un'alternativa, quelle popolazioni dovranno scegliere tra una morte molto probabile (e prevalentemente riservata a bambini sotto i cinque anni di età) e la difesa delle loro risorse naturali. Se non altro non è più utilizzato in agricoltura, salvo qualche eccezione che, però, impedisce a quei prodotti agricoli di entrare in Europa. Nonostante i progressi della scienza, la malaria resta un problema non risolto (anche per l'altissima variabilità del virus che la provoca, impedendo la produzione di un vaccino). Tra i Paesi produttori di Ddt ci sono anche gli Stati Uniti, che possono fabbricarlo solo per l'esportazione o nell'eventualità di emergenze per la salute pubblica dovute a insetti vettori.

Sarebbe sciocco non riconoscere al Ddt i meriti nell'ambito della tutela diretta della salute. Ma il suo uso in agricoltura ha rappresentato e rappresenta, per quella stessa salute, una delle minacce più gravi e persistenti.

Moplen. E mo'?

Il terzo Nobel di questa serie è, come il primo, un premio per la Chimica ed è stato assegnato nel 1963 all'italiano Giulio Natta (1903-1979) e al tedesco Karl Waldemar Ziegler (1898-1973) «per le loro scoperte nel campo della chimica e della tecnologia dei polimeri», ovvero – detto in modo molto meno accurato – per avere inventato il materiale poi commercializzato con il marchio Moplen, che in Italia spopolò grazie a una pubblicità in cui il comico Gino Bramieri (1928-1996) trovava rimedio a una serie di disavventure casalinghe grazie a oggetti di uso comune in Moplen. Il claim davanti al problema da risolvere era (a dispetto dell'accento milanese del protagonista): «E mo'? E mo'... e mo'... Moplen!».

Le origini della plastica datano a decenni prima: nell'ultimo quarto dell'Ottocento iniziarono a essere prodotti con materiali prima di semi-sintesi e poi di sintesi oggetti di uso comune come i rinforzi per i colletti, i manici per le pentole, i telefoni, le palle da biliardo. In qualche caso, come quest'ultimo, il materiale artificiale alleviò le sorti di alcune specie animali (le palle da biliardo prima si facevano con l'avorio). Il secolo in cui la ricerca relativa alle materie sintetiche accelera sensibilmente è però il Novecento: la bachelite (ricordate i vecchi telefoni neri e pesanti che ormai si vedono solo nei film?), il Pvc, il cellophane, il nylon e le altre fibre sintetiche, la formica... ed eccoci al polipropilene, il Moplen appunto, inventato nel 1954 e che con il boom economico degli anni Cinquanta e Sessanta entra in tutte le case.

Siamo in un nuovo dopoguerra e ancora una volta la guerra ha a che fare con la storia della ricerca scientifica, come racconta Silvio Greco in un libro il cui titolo – *La plastica nel piatto* – già può far presagire come andrà a finire questo capitolo:

> «Fu proprio dopo la fine della seconda guerra mondiale che si verificò il vero boom commerciale della plastica, e coincise con la conversione di certi materiali dell'industria bellica, che di plastica fece ampio uso, in materiali di largo consumo».

Vediamo lo stesso film per la terza volta: le sostanze tossiche utilizzate in guerra hanno trovato un nuovo mercato come erbicidi, le sostanze esplosive utilizzate in guerra hanno trovato un nuovo mercato come fertilizzanti, le sostanze plastiche utilizzate in guerra hanno trovato una enorme quantità di nuovi mercati:

> «Dal dopoguerra a oggi – continua Greco – la plastica ha impattato la società più di ogni altro materiale nella storia ed è entrata nel nostro immaginario per quell'idea d'infinite possibilità prima impensabili, tanto che la plastica ha cominciato a sostituire tutto e a inventare nuovissimi oggetti mai apparsi prima nella vita delle persone. In pratica è presente ovunque, in elettrodomestici, giochi, vestiti, macchine, contenitori per il cibo, macchi-

> nari e mezzi per l'agricoltura e per il commercio, negli arredamenti delle case e nelle suppellettili da cucina. Data la pervasività dei suoi utilizzi, la produzione della plastica crebbe sempre di più fino a sovrastare definitivamente quella dell'acciaio nel 1979».

Che fosse geniale è innegabile: leggera, versatile, resistente e – ancora una volta – con costi di produzione bassissimi, grazie al fatto che la materia prima è un sottoprodotto dell'industria degli idrocarburi fossili, un materiale che probabilmente costituirebbe uno scarto se non si potesse utilizzare in questo modo. L'entusiasmo di produttori e consumatori è del tutto comprensibile.

Ma, ancora una volta, non siamo stati prudenti nell'utilizzo di questo «nuovo meraviglioso giocattolo», per usare l'espressione con cui Carson si riferiva agli erbicidi. Il materiale resistente e duraturo, i cui inventori avevano ricevuto un Nobel, non era stato immaginato per diventare il protagonista delle nostre discariche, eppure è successo perché abbiamo preso quel materiale virtualmente indistruttibile e l'abbiamo usato per... l'"usa e getta".

«Ma che senso ha?» direbbe un bambino marziano se questa fosse una favola che narra di un materiale magico. Dal punto di vista degli ecosistemi, nessuno. È la storia di una risorsa fossile che giace nel sottosuolo per milioni di anni, poi viene disturbata con grande dispendio di energie e trasformata in carburante; una parte dei suoi sottoprodotti, che erano stati milioni di anni insieme a lei nel sottosuolo, si ritrovano trasformati in mobili o tubature di acquedotti (e tornano sotto terra), ma comunque in oggetti con una lunga aspettativa di vita. Altre frazioni avranno un'esistenza molto breve ma molto nobile, perché saranno usate nei presidi sanitari e dunque il loro essere "usa e getta" contribuirà a salvare vite. Ma un'altra parte si ritrova a fare da protezione a un cestino di fragole o a un pacchetto di sigarette o a servire per trasportare acqua potabile (per produrre un chilogrammo di Pet, il materiale delle bottiglie di plastica, servono circa 18 litri di acqua), e non sarà una piccola parte. Allora il bambino marziano dirà: «Ma che favola è? Il mago crea il supermateriale e la gente lo usa per un minuto e poi lo butta? Questa favola non ha senso!».

Dipende. Se il punto è sostituire quanto più possibile gli imballaggi con un materiale poco costoso (e anche il fatto che pesi poco fa risparmiare soldi nei trasporti) e con grandi prestazioni in termini di igienicità, impermeabilità e resistenza, la cosa sembra perfettamente logica. Se si volesse riflettere sull'opportunità della scelta bisognerebbe mettere in discussione, per esempio, il sistema della distribuzione alimentare; bisognerebbe ragionare sull'opportunità di vendere una consistente parte degli alimenti non lontano dai luoghi in cui vengono prodotti o, meglio, se possibile, di produrli non lontano dai luoghi in cui saranno consumati; bisognerebbe parlare di decentralizzazione delle produzioni agricole, e anche dei punti di trasformazione; bisognerebbe pensare a una specie di rivoluzione che non veda il momento della produzione primaria completamente separato dal resto della filiera. Tutto questo richiederebbe un nuovo disegno del modo di produrre e di consumare, un sacco di lavoro e un po' di investimenti, che certamente non porterebbero nelle tasche di un ristretto numero di persone – come oggi succede – cospicue somme a velocità considerevoli. Produrrebbero, questo sì, vantaggi diffusi e lavorerebbero per il bene comune. Ma sarebbe tutta un'altra favola. Barry Commoner (1917-2012), biologo statunitense che tentò anche di portare queste istanze nella politica istituzionale, nel saggio che fa da premessa all'edizione del 1986 di *Il cerchio da chiudere* (1972) aveva provato a raccontarla:

> «A differenza delle industrie dell'acciaio, dell'automobile o dell'energia elettrica, la petrolchimica (quantomeno nelle sue attuali mastodontiche proporzioni) non è essenziale. Quasi tutti i suoi prodotti sono sostituti di materiali preesistenti perfettamente funzionali: la plastica sostituisce la carta, il legno e i metalli; i detergenti suppliscono al sapone; i fertilizzanti azotati hanno reso obsoleti i concimi organici e le colture azotofissatrici (fonte naturale di azoto); i pesticidi hanno rimpiazzato i predatori naturali degli insetti. A parte un numero relativamente esiguo di articoli che non possono essere prodotti in altro modo (per esempio le videocassette o il cuore di plastica artificiale) i prodotti petrolchimici oggi preponderanti potrebbero essere sostituiti da altri prodotti meno pericolosi. Insomma, l'industria petrolchimica è un caso a sé. Non

> soltanto i suoi rifiuti ma persino i suoi prodotti degradano l'ambiente; i rischi che comporta non sono praticamente assoggettati a prevenzione o controllo di sorta; la maggior parte delle sue realizzazioni è rimpiazzabile, talora con vantaggi economici; l'industria petrolchimica non è soltanto il principale nemico della qualità dell'ambiente, ma è anche l'unica intrinsecamente incapace di controllo ambientale. L'unico modo per smorzarne il pericoloso impatto sull'ambiente consiste nel limitare e, ove possibile, eliminare l'industria stessa».

Molto di quello che è successo con la plastica non si è saputo prevedere; molto era stato invece osservato e previsto, specialmente dalla cultura popolare per la quale la parola "plastica" non è mai stata una parola positiva. Fare "discorsi di plastica" in siciliano significa parlare a vanvera, in modo inautentico. Qualcosa vorrà ben dire. Molti dei grandi anziani che hanno accompagnato le nostre vite da adulti, coloro che erano già adulti quando è comparsa la plastica, hanno mantenuto una sana diffidenza verso gli oggetti il cui materiale non era rintracciabile in natura, e la diffidenza aumentava se quel materiale conteneva cibo: quel cibo loro non lo mangiavano, non c'era discussione.

L'odierna onnipresenza della plastica, dal fondo del mare alle più inaccessibili catene montuose, il fatto che non solo si disperde ovunque ma si polverizza in micro e nanoparticelle che vengono ingerite da tutti gli animali e in particolare dai pesci, fanno della plastica un elemento ubiquo che, ancora una volta, ha cambiato il mondo per sempre e ha fatto venir meno l'umanità ai suoi obblighi nei confronti del futuro e del Pianeta. Umanità che oggi si nutre anche di plastica: certo, in minime percentuali, ma non dimentichiamo il caro Darwin, *de minimis natura curat*. Quella eternità alla quale ci siamo sottratti uscendo dall'Eden, e che invece sembriamo aver consentito ad alcune delle sostanze che abbiamo prodotto, pare averci incastrati in un presente globale, nel quale "usiamo e gettiamo" senza pensare al dopo.

Ma la sostenibilità si declina solo al futuro. Di questo parleremo nel prossimo capitolo.

3. A che ora inizia il futuro?

> «Il 14 dicembre 1900, in un intervento all'Accademia di Berlino sul tema "Zur Theorie des Geseztes del Energie-verteilung in Normalspektrum" (Sulla teoria della legge di distribuzione dell'energia nello spettro normale), Max Planck presentò per la prima volta quella nozione di quantum d'energia destinata a rivestire un ruolo decisivo nella successiva evoluzione della fisica. Tra il 1900 e il 1920, principalmente sotto la spinta di Einstein e di Bohr, modellizzazioni più o meno ingegnose tentarono di adattare il nuovo concetto allo schema delle teorie precedenti; all'inizio degli anni Venti tale schema risultò irrimediabilmente spacciato».

A dispetto del tema di questa citazione e del titolo del libro, il brano è tratto da un romanzo, *Le particelle elementari* di Michel Houellebecq, 1998. I protagonisti, incidentalmente fratelli, rappresentano le due facce della débâcle culturale che spesso ci pare di poter dedurre dalle vicende della nostra quotidianità: da un lato l'arido scientismo all'ossessiva ricerca dell'immortalità, dall'altro il bruto insistere negli eccessi di chi ha, probabilmente, uno scopo non dissimile: sfuggire, se non proprio alla morte, almeno al pensiero di lei.

La fisica dei quanti non solo ha svolto un ruolo cruciale al livello delle scoperte tecniche e delle possibili applicazioni tecnologiche, ma ha operato un radicale cambio di prospettiva nel modo in cui fino ad allora erano stati concepiti, immaginati, descritti e giustificati quelli che venivano ritenuti gli “assi cartesiani” dell’universo: lo spazio e il tempo. Il testo che provò a divulgare la fisica moderna mettendola in relazione con il pensiero spirituale delle filosofie orientali è *Il Tao della fisica*, di Fritjof Capra, pubblicato negli Stati Uniti nel 1975 e in rapida successione tradotto in moltissimi altri Paesi.

La fisica moderna mise il mondo della ricerca di fronte a un enorme problema di comunicazione: il linguaggio che abbiamo costruito nei millenni è basato sulle percezioni dirette, sappiamo descrivere anche fenomeni complessi perché per millenni abbiamo allineato il nostro modo di comunicare. La fisica dei quanti invece deve descrivere un mondo subatomico che non solo non può essere oggetto di percezione diretta, ma che – di fatto – viene modificato proprio dall’azione dello scienziato che lo osserva:

> «A questo livello - scrive Capra - la conoscenza della materia non è più ricavabile dall’esperienza sensoriale diretta e perciò il nostro linguaggio ordinario, che trae le sue immagini dal mondo dei sensi, non è più adeguato a descrivere i fenomeni osservati. A mano a mano che penetriamo più profondamente nella natura siamo costretti via via ad abbandonare le immagini e i concetti del linguaggio ordinario. (...) Esplorando l’interno dell’atomo e studiandone

la struttura, la scienza oltrepassò i limiti della nostra immaginazione sensoriale. Da questo punto in poi, essa non poteva più affidarsi con assoluta certezza alla logica e al senso comune. La fisica atomica consentì agli scienziati di dare un primo rapido sguardo nella natura essenziale delle cose. Come i mistici, i fisici ora avevano a che fare con un'esperienza non sensoriale della realtà e, come quelli, dovevano affrontare gli aspetti paradossali di questa esperienza. Da quel momento in avanti, quindi, i modelli e le immagini della fisica moderna divennero simili a quelli della filosofia orientale».

Siamo sul ghiaccio sottile, un passo falso potrebbe essere fatale: sul piano delle spiegazioni tecniche fermiamoci.

Quello che ci interessa adesso, d'altronde, è che proprio questa evoluzione della fisica, in apparenza così inaccessibile, confinata nel regno di quanti sanno manovrare sofisticatissime apparecchiature, che consentano non tanto di vedere le particelle subatomiche quanto di rilevarne le tracce di attività, ci dà la misura del fatto che siamo più di quello che possiamo esperire (cioè dell'ambito nel quale le categorie della fisica newtoniana funzionano perfettamente, così come funziona il linguaggio consueto). Non solo: ci dà la definitiva dimostrazione del fatto che non abbiamo modo di "chiamarci fuori" dalla natura, nemmeno, anzi soprattutto, quando la stiamo studiando: in qualche modo, ogni studio della natura ci riguarda e dunque ci cambia, cambiando la natura.

Questa è stata, storicamente, una preoccupazione ad appannaggio prevalente degli antropologi, in particolare degli etnografi. In *Tristi Tropici*, il volume che pubblica nel 1995 raccogliendo le esperienze e le riflessioni delle sue spedizioni in Brasile di circa sessant'anni prima, Claude Lévi-Strauss (1908-2009) analizza il ruolo e il valore dell'osservatore di una società "altra" rispetto alla propria, domandandosi in che cosa consista l'ansia degli studiosi di occuparsi (anziché delle proprie, delle quali vedono con chiarezza le criticità) di società lontane e incontaminate; fatto che li porta a contaminarle con la loro stessa presenza. Le società che non avevano mai avuto contatti con l'Occidente spariscono per sempre quando l'antropologo occidentale arriva per studiarle. Per di più costui non può – per quanto lontano viaggi – pensare di sganciarsi dalla propria:

> «L'etnografo non può disinteressarsi della sua civiltà, né sconfessarne gli errori, in quanto la sua stessa esistenza è comprensibile solo se considerata come un tentativo di riscatto: egli è il simbolo dell'espiazione».

Il ruolo dell'osservatore non esiste, siamo sempre in un costante rapporto di cambiamento reciproco con tutto ciò con cui veniamo in contatto, siano particelle subatomiche o tribù di «selvaggi».

Perché mai stiamo parlando di tutto questo? Perché quando noi studiamo la natura siamo esattamente nella condizione in cui si trovano il fisico quantistico e l'etnografo nei confronti del loro oggetto di ricerca. Stiamo studiando un elemento di cui facciamo parte e le cui leggi ci riguardano. Ma il fatto stesso di poterle studiare, quelle leggi, ci mette (o perlomeno è ciò che supponiamo, non sapendo se nel mondo dei roditori o dei lombrichi esistano centri di ricerca) in una posizione differente rispetto a tutto il resto della natura, a cominciare proprio da quella cornice di senso (che, come la fisica dei quanti ci insegna, non è l'esclusiva cornice della realtà) data dalle idee di tempo e di spazio.

La consapevolezza della morte

Di spazio parleremo nel prossimo capitolo. Per quanto riguarda il tempo, invece, nel bilancio dei pro e contro della cacciata dall'Eden abbiamo già letto le voci della colonna dei (presunti) guadagni – la consapevolezza del bene e del male, la possibilità di scegliere come comportarsi, dribblando l'istinto –, ma c'è una voce in più nella colonna delle perdite: da quel momento esiste la morte. Non nel senso che prima ne fossimo immuni, ma nel senso che ora ne siamo consapevoli. Forse il paradiso terrestre aveva regole biologiche particolari e la morte non era contemplata, ma non è questo il punto: il punto è che se non c'è consapevolezza della morte è come esserne immuni, perché perdiamo la cornice di riferimento temporale della nostra vita. Viviamo in un eterno presente, e forse è questo il miraggio cui molti di noi tendono, specialmente in gioventù, quando l'idea della morte è lontanissima e pressoché incomprensibile.

Il flusso vitale della natura, in cui tutto nasce e muore senza "darsene pensiero", si inceppa su *Homo sapiens*, che nei millenni affina le sue capacità (anche nel senso fisico, di capienza) intellettive al punto da iniziare a fare e farsi domande sulla natura, dunque su se stesso.

Se, assecondando Harari, proviamo a immaginare i nostri antenati cacciatori-raccoglitori come abitanti del giardino dell'Eden e, assecondando la *Genesi*, proviamo a immaginare i nostri predecessori contadini come coloro che da quel giardino sono stati cacciati, con il "castigo" di doversi coltivare il cibo che mangeranno, allora la nascita dell'agricoltura appare inevitabilmente collegata all'ingresso in società dell'idea di futuro, e a una concezione ciclica del tempo, che prevede un alternarsi di vita e di morte, una compresenza e una complementarietà dei due elementi.

Nel mondo, la consapevolezza della morte ha preso strade diverse. Le filosofie e le spiritualità che non si sono allontanate da una concezione onnicomprensiva dell'universo hanno un atteggiamento verso la morte che noi occidentali spesso definiamo – a metà tra l'invidia e la supponenza – "sereno", "distaccato". Il mondo industriale, invece, che ha di fatto liquidato tutta la spiritualità, poiché eversiva rispetto al principio guida del profitto, ha con la morte un pessimo rapporto.

La ciclicità della natura su cui si basa la Legge del ritorno di Howard è un equilibrio di produzione e decomposizione, in cui il confine tra vita e morte è labile, approssimativo e poroso. A imitazione della natura, scriveva Howard, dovrebbe procedere ogni sistema agricolo che voglia durare nel tempo senza turbare quell'equilibrio:

> «Possiamo dunque riassumere in poche parole la caratteristica principale dell'agricoltura della natura. Madre Terra non cerca mai di far crescere piante senza bestiame; coltiva sempre messi miste; fa di tutto per preservare il suolo e scongiurare l'erosione; gli scarti misti, vegetali e animali, sono trasformati in humus; non c'è spreco alcuno; i processi di crescita e decomposizione si bilanciano (...)».

Questa ciclicità è uno dei perni culturali delle società contadine, che non contemplano "l'assenza" di chi è morto. I morti ci sono sempre, perché, come accade con i semi, rientrano in un ciclo vitale dal quale i viventi non hanno intenzione di escluderli.

William Wordsworth (1770-1850), padre del Romanticismo inglese, vive l'epoca turbolenta del passaggio dalla cultura rurale a quella industriale nel Paese che l'era industriale l'ha aperta, e nel quale le sue contraddizioni si sono fatte sentire prima che altrove. Il periodo di passaggio dall'Illuminismo al Romanticismo conosce due movimenti perfettamente antitetici: se da un lato il sentire romantico tende a scardinare e a rifiutare l'approccio riduzionista (che fa risalire quantomeno a

Descartes) a favore di quello complesso, contemporaneamente la cultura industriale, necessariamente riduzionista, inizia a colonizzare e a sostituire la cultura rurale, figlia dell'approccio complesso.

Il Romanticismo rappresenta un periodo culturalmente turbolento ed estremamente vivace per tutta l'Europa. Non è tanto e solo il primato del sentimento contrapposto al primato della ragione, visione semplificata troppo spesso offerta agli studenti delle scuole superiori: è, piuttosto, l'irrompere di quello che il genetista Marcello Buiatti (1938-2020) chiamò «il benevolo disordine della vita» in ogni ambito di produzione intellettuale, dalla poesia alla scienza della natura.

In una delle sue poesie più famose, *We are seven*, Wordsworth descrive il dialogo tra un adulto di città e una bambina di campagna. L'uomo, ammirato dalla bellezza della bambina, le chiede notizie su quanti fratelli e sorelle abbia e lei risponde: siamo sette, due sono andati per mare, due vivono in un'altra città, due sono morti, e poi ci sono io che sto con la mamma. L'uomo prontamente ribatte: allora non siete sette, se due sono morti. Lei, paziente, ripete:

Seven boys and girls are we;
Two of us in the church-yard lie,
Beneath the church-yard tree.
("Sette tra bimbe" diceva in tanto
"e maschi, siamo. due son qui presso
in un cantuccio del camposanto:
nel camposanto, sotto il cipresso".)

Il dialogo tra sordi continua. Lui insiste a dirle che lei mangia, beve, si muove mentre gli altri due non ci sono più. Lei dice no, le loro tombe sono a una dozzina di passi da casa, io vado là e parlo con loro, mi porto i miei lavoretti, qualche volta anche la cena e stiamo insieme. Non c'è modo che i due riescano a capirsi e la poesia si chiude con l'uomo che ammette che le sue erano «parole al vento», mentre lei ripete: «No, siamo sette»:

> *But they are dead; those two are dead!*
> *Their spirits are in heaven!*
> *Twas throwing words away; for still*
> *The little Maid would have her will,*
> *And said, "Nay, we are seven!*
> ("Ma sono morti quei due! ma sono
> lassù! son anime, anime elette!".
> "Che!" ripeteva sempre un tono:
> "No, sette siamo: No, siamo sette")[4].

La morte non è assenza, è presenza altra e altrove: questo è un concetto base nella cultura contadina, che con i cicli vita-morte-vita si confronta da 12 000 anni e che, a cominciare dai miti greci e poi romani, è presente anche in culture lontane dalla nostra, oltre che, ovviamente, in tutta la narrazione cristiana.

Persefone (che nella romanità diventa Proserpina), figlia di Demetra (Cerere), viene rapita dal dio degli in-

4. La traduzione è di Giovanni Pascoli (1855-1912).

feri. La disperazione della madre fa cadere le tenebre sul mondo, mentre cerca la figlia e chiede a Zeus di restituirgliela. Viene accontentata, ma nel frattempo Persefone ha mangiato insieme ad Ade e questo dà a lui un parziale diritto sulla giovane: una volta all'anno e per un periodo di tre mesi, dovrà tornare da lui. Demetra e Cerere, dee-madri della terra e protettrici dei campi coltivati, vivono il dolore della morte, ma sanno che il buio fa parte di un "patto", di una regola, noi diremmo di una legge della natura. La luce, tuttavia, torna, con una nuova stagione di fertilità di cui quel buio e quel freddo sono condizione.

Il tempo spezzato

L'industrializzazione e la conseguente urbanizzazione hanno spezzettato il tempo, l'hanno frazionato e reso – da ciclico – lineare; hanno diviso quello che era il tempo unito della persona tra tempo di lavoro e tempo libero, e all'interno di queste categorie il frazionamento è continuato (la pausa pranzo sul lavoro, il tempo privato e quello pubblico, l'aperitivo, il tempo degli amici e quello per la famiglia, il famoso "tempo per sé", il giorno libero...). Lo spiega bene Piercarlo Grimaldi in *Il calendario rituale contadino* (1993):

> «(...) al tempo naturale cui si conformava il mondo contadino tradizionale, era connessa una vasta e complessa

> cerimonialità, che ne scandiva il fluire ciclico e ripetitivo, collegato ai ritmi stagionali e biologici. (...) Il tempo urbano si fa strada e si evolve lentamente nel corso dei secoli (...). Si viene così a delineare la concezione di un tempo che via via diventa più omogeneo, astratto e monotono e tende a pervadere ogni aspetto della società, con una parcellizzazione sempre più regolare degli eventi. Un tempo proprio della fabbrica e dell'agglomerato urbano. Un ingranaggio cronometrico regola ormai il vivere dell'individuo nella società complessa, subordinando i ritmi individuali e biologici ai ritmi dettati dalle macchine e dagli indici di produttività, dai mass media e dagli stessi modelli di consumo».

Ora, come si collega tutta questa riflessione al rapporto contemporaneo con la natura, al fatto che non riusciamo, apparentemente, a rispettarne le logiche nonostante siano logiche che comandano la nostra stessa esistenza? Laura Conti (1921-1993), nel testo su cui tanta parte della sensibilità e del pensiero ecologico italiano (e non solo) si è formata, *Che cos'è l'ecologia. Capitale, lavoro e ambiente* (1977), richiama la parabola evangelica delle vergini sagge e delle vergini stolte. Un gruppo di ragazze va incontro a uno sposo per il corteo nuziale, ma solo metà di loro ha una riserva di olio per le lampade; le altre, una volta finito l'olio, dovranno andare ad acquistarlo. Nel frattempo arriva lo sposo e solo le sagge saranno ammesse alla festa nuziale.

> «Questo modo di vivere (...) che possiamo chiamare da vergini folli, non è né migliore né peggiore di un modo (...) che possiamo chiamare da vergini sagge. Non è né migliore né peggiore dal punto di vista della conservazione della specie, e funziona magnificamente per tutte le specie che non conoscono la morte e che non si disperano della morte individuale. Ma l'uomo è l'unico animale che ha consapevolezza della morte e, in linea generale, se ne rattrista terribilmente. Poiché è l'unica specie vulnerabile dal dolore e dalla disperazione di fronte alla morte, le ricette di vita che vanno bene per gli altri viventi non vanno bene per lui».

Forse è iniziata anche per questo l'agricoltura. La coscienza di noi stessi si faceva sempre più consistente, allontanandoci dal mondo animale, e con essa aumentava la nostra consapevolezza del tempo e, dunque, della morte. Ci serviva un riparo non tanto dalle intemperie ma dall'idea che tutto "finisse". Sono, certamente, solo supposizioni, ma di sicuro l'idea del futuro, del programmare il futuro si è resa necessaria per l'uomo agricoltore e sedentario (che insisteva tutta la vita sulle medesime risorse) molto più di quanto lo fosse per l'uomo cacciatore e nomade, che esauriva le risorse e poi, semplicemente, si spostava altrove.

Questi grimaldelli logici e storici ci servono per sganciare un binomio, che nella nostra visione di società urbanizzate e industrializzate, lega il mondo dell'agricoltura tradizionale e l'idea di "passato". Il mondo dell'agricoltura tradizionale è invece intriso di futuro, proprio perché è poggiato sulle leggi cicliche della natura, che, come ci ricorda Howard, «non vive alla giornata».

Sulla comprensione di questi elementi oggi dovremmo basare ogni ragionamento su una produzione, non solo agricola, che abbia come principale caratteristica la sostenibilità.

L'abbiamo finalmente detta, la parola magica: sostenibilità. Cosa c'entra con il futuro? Enzo Tiezzi lo spiega in tanti suoi scritti collegando la nascita della parola sostenibilità al nome di uno dei pedali del pianoforte, il *sustain* ("sostegno" in italiano), che serve ad allungare la nota. L'idea di sostenibilità è intrinsecamente connessa all'idea del tempo, della durata.

Il futuro comune

Il collegamento tra la sostenibilità e l'idea di futuro è stato esplicitato per la prima volta nel cosiddetto Rapporto Brundtland (1987). Si tratta di un documento affidato dalle Nazioni Unite alla Commissione mondiale su ambiente e sviluppo, presieduta dalla norvegese Gro Harlem Brundtland, la cui carriera politica si è sviluppata tutta all'insegna delle questioni ambientali e di giustizia sociale: ministro della Salute nel suo Paese a ventisei anni, dell'Ambiente a trentacinque, primo ministro per più mandati a partire dal 1981. Nel 1983 diventa presidente della suddetta commissione Onu e quattro anni dopo presenta il rapporto che, noto come Rapporto Brundtland, ha un titolo piuttosto esplicito: *Our Common Future*, il nostro futuro comune. Futuro che nel documento non è affrontato in termini generici, ma entra a far parte della definizione stessa di "sviluppo sostenibile":

> «Lo sviluppo sostenibile è quello sviluppo che consente alla generazione presente di soddisfare i propri bisogni senza compromettere la possibilità delle generazioni future di soddisfare i propri».

È una definizione chiave, che dovremmo imparare a memoria fin dai primi giorni di scuola e che, se riferita al mondo dell'agricoltura, risalta nella sua allarmante chiarezza.

Nel 1977, lo abbiamo visto, Laura Conti aveva pubblicato *Che cos'è l'ecologia* e nel 1976 si era verificato il "disastro di Seveso": dallo stabilimento di Meda (Milano) dell'Icmesa, un'industria svizzera produttrice di sostanze chimiche, era fuoriuscita una nube contenente una tipologia altamente tossica di diossina (uno degli ingredienti del cosiddetto "agente arancio", utilizzato in Vietnam, in alternativa al Napalm, dagli americani) che si era dispersa colpendo molti comuni contigui. I danni immediati si ebbero sugli animali, che morirono a migliaia e a migliaia vennero abbattuti, mentre quelli sugli umani (tecnicamente l'evento è classificato a morti zero) nel momento in cui Laura Conti scriveva erano ancora in fase di studio. Il primo capitolo di *Che cos'è l'ecologia* ha come titolo "L'oggetto di questo libro: i meccanismi e la volontà": ci sono meccanismi di natura, biologici, chimici, fisici, che riguardano il vivente e il non vivente, e che vanno conosciuti e tenuti presenti. Sulla base di queste conoscenze la volontà politica deve prendere le misure necessarie per proteggere l'ambiente e le persone. Che la politica dovesse seguire le indicazioni dell'ecologia era, per Conti, fondamentale:

> «È opinione ormai diffusa, non solo tra i socialisti e i comunisti, che il potere politico debba indirizzare le attività umane, comprese le attività economiche, in modo tale che non vengano messe in circolazione sostanze velenose, in modo tale che l'acqua e l'aria possano venire impiegate non solo dall'industria ma anche dall'agricoltura, e anzi non solo nelle attività produttive ma anche per lo sport e il divertimento, e infine in modo tale che le generazioni future non debbano rimproverarci il nostro egoismo. Salubrità, compatibilità, durata».

A questo nesso tra l'ecologia e la politica si deve affiancare lo sganciamento della politica dall'economia:

> «Quando diciamo che "di questo si deve occupare il potere politico" intendiamo dire che il potere economico non ne è capace: che – in prima approssimazione – l'economia di per sé è antitetica all'ecologia, che i meccanismi economici spingono al deterioramento del rapporto uomo-ambiente (...) e che quindi occorre un intervento extra-economico per correggere questa spinta. Occorre un intervento con-

> sapevole e deliberato, cioè politico, a correggere quel che nell'economia c'è di non consapevole, di non deliberato, cioè di non "meccanismo"».

Parole – apparentemente – assolutorie, o quantomeno generose nei confronti dell'economia: i guasti che essa può creare, e che la politica deve prevenire ed evitare, o correggere, sembrano preterintenzionali. L'economia ha degli obiettivi, e nel raggiungerli deteriora la relazione uomo-ambiente, ma questo deterioramento non è l'obiettivo. Meno assolutorio, invece, suona il ragionamento se si interpreta come una denuncia dei limiti intrinseci della logica economica. In una nota al testo, infatti, Conti precisa che l'inciso «in prima approssimazione» significa che l'antitesi economia-ecologia appare evidente solo a un'osservazione superficiale, ma

> «se poi si va a guardar meglio si vede che ciò che è antiecologico è anche antieconomico. L'antitesi che in prima approssimazione si constata dipende dal fatto che le scelte economiche sono, nella nostra società, scelte parziali, settoriali e a breve termine, mentre l'ecologia è sempre un punto di vista globale».

Questo uso della parola "globale" è interessante. Viene opposta non solo all'idea di parte o di settore ma all'idea di "adesso". Globale dunque non sta solamente per "non solo questo" e "non solo qui" ma anche per "non solo ora".

Pochi anni più tardi, Aurelio Peccei (1908-1984) scriverà parole ancora più allarmate. Peccei è uno di quegli illuminati imprenditori ai quali accenneremo più avanti, ma fu anche – e soprattutto – una figura fondamentale nel mondo scientifico e dell'ambientalismo. Nel 1968 fonda e presiede il Club di Roma, una rete tuttora operativa di ricercatori, attivisti, politici e imprenditori che nel 1972 rende noto il *Rapporto sui limiti dello sviluppo* (il titolo originale, meno sfumato, era *Limits to Growth*).

In un libro che Peccei pubblica nel 1981, i «meccanismi» di cui parlava Conti non sembrano già più così certi:

> «Un tempo potevano venirci in aiuto alcuni automatismi; oggi, essi si sono indeboliti o agiscono solo saltuariamente e il loro funzionamento ci può dare ben poco affidamento. Uno di questi automatismi è la capacità rigeneratrice della Natura. Nella sua stupefacente saggezza, accumulata mediante una sperimentazione ininterrotta, attraverso i millenni, essa ha messo a punto degli autocontrolli e dei meccanismi di autoregolazione e di riequilibrio, di cui sono dotati più o meno tutti gli esseri viventi. Questa proprietà si chiama omeostasi. È essa che permette agli ecosistemi di assorbire in buona misura, o di ridurre o di espellere, gli elementi inquinanti o anomali che si introducono nel suo seno. Queste capacità hanno tuttavia un loro limite; e l'uomo moderno, nel suo impeto di progresso, ha infranto questi limiti su svariati fronti. Il mondo del vivente non riesce più a fronteggiare l'immissione massiccia di rifiuti su scala

industriale della nostra civiltà o a eliminare le migliaia di prodotti chimici nuovi che essa fabbrica senza tregua. Non c'è capacità rigeneratrice che basti quando si tratta di porre riparo a tutti i guai e a tutti i guasti provocati dall'attività umana».

Il libro si chiama *Cento pagine per l'avvenire. Riflessioni del presidente del Club di Roma* e torniamo così all'idea di futuro. Se l'economia non è in grado di occuparsene, o più precisamente non ne ha l'intenzione perché i suoi obiettivi vengono centrati meglio nei tempi brevi (apparentemente, «a una prima approssimazione»), allora a chi tocca?

Progettare e realizzare il futuro non è, si direbbe, un lavoro per il quale, come genere umano, siamo particolarmente portati. Scrive Italo Calvino (1923-1985) in *Le città invisibili*, pubblicato nel 1972:

> «Al centro di Fedora, metropoli di pietra grigia, sta un palazzo di metallo, con una sfera di vetro in ogni stanza. Guardando dentro ogni sfera si vede una città azzurra che è il modello d'un'altra Fedora. Sono le forme che la città avrebbe potuto prendere se non fosse, per una ragione o per l'altra, diventata come oggi la vediamo. In ogni epoca qualcuno, guardando Fedora qual era aveva immaginato il modo di farne la città ideale, ma mentre costruiva il suo modello in miniatura, già Fedora non era più la stessa di prima, e quello che fino a ieri era stato un suo possibile futuro ormai era solo un giocattolo in una sfera di vetro».

Ci mettiamo troppo a immaginare il futuro, al punto che il nostro progetto si cristallizza, diventa inutilizzabile; intanto però succedono cose diverse da quelle che avevamo disegnato.

Langston Hughes (1901-1967) nel poema *Harlem* scrive:

«Cosa succede a un sogno rimandato?
Appassisce
come uva al sole?
O come una ferita suppura
per poi scomparire?
Puzza come carne andata a male?
O fa la crosta di zucchero
come un dolce sciroppo?
Forse semplicemente affonda
come pesante carico.
O esplode?».

Da quando abbiamo iniziato a osservare la natura non in cerca di materie prime da far fruttare, ma per capirla e se possibile proteggerla, il metro di giudizio dell'operare umano è sempre stato lo stesso: il futuro.

Alexander von Humboldt (1769-1859) è un personaggio centrale nella storia di quella che oggi chiamiamo ecologia, disciplina che ebbe la sua prima formulazione sette anni dopo la sua morte. La parola "ecologia" è stata infatti coniata nel 1866 da Ernst Haeckel (1834-1919), tedesco come Humboldt e certamente influenzato anche dai suoi lavori, che la descrisse come:

> «l'insieme di conoscenze che riguardano l'economia della natura; l'indagine del complesso delle relazioni di un animale con il suo contesto sia inorganico sia organico, comprendente soprattutto le sue relazioni positive e negative con gli animali e le piante con cui viene direttamente o indirettamente a contatto».

Una definizione ancora valida e che non fa riferimento alla categoria del tempo. Non c'è bisogno di parlare di futuro per descrivere la natura. Caso mai, spesso, per comprenderla c'è bisogno di parlare di passato. Le categorie del futuro sono indispensabili, invece, per individuare gli ambientalisti, *ante* o *post litteram* che siano. Humboldt nei primi anni dell'Ottocento aveva compiuto un lungo viaggio per conoscere la risorse naturali del Sudamerica; nei diari, che pubblica qualche anno dopo, descrive quanto ha osservato e compreso sul lago di Valencia in Venezuela, anche grazie alle conversazioni con gli agricoltori locali:

> «Quando le foreste vengono distrutte, come hanno fatto ovunque in America i coloni europei con incauta avventatezza, le sorgenti si prosciugano o diventano comunque meno abbondanti. I letti dei fiumi, restando asciutti per parte dell'anno, si trasformano in torrenti ogniqualvolta abbondanti piogge cadono sulle alture. Venendo a sparire dai fianchi delle montagne, con il sottobosco, zolle erbose e muschio, l'acqua che cade sotto forma di pioggia non è più impedita nel suo corso: e invece di far salire il livello dei fiumi con infiltrazioni progressive, durante i grandi diluvi scava solchi sui fianchi delle colline, trascina giù

> la terra non più trattenuta e provoca quelle inondazioni improvvise che devastano il paese (...). L'azione del genere umano a livello globale può avere conseguenze sulle generazioni future[5]».

Eccola qui, la preoccupazione per le generazioni future, la stessa che tornerà, circa 250 anni più tardi, nel Brundtland Report; la stessa che papa Francesco nell'enciclica *Laudato si'* (2015) chiama «solidarietà fra le generazioni» e che, pochi anni dopo quell'enciclica, sarà portata nelle piazze grazie a Greta Thunberg, che ha iniziato il suo "sciopero della scuola" nel 2018 facendo domande semplici e devastanti: cosa ci vado a fare a scuola, se quello che mi insegnano nelle ore di Scienze non viene tenuto minimamente in considerazione dalla politica? Come mai ci sono informazioni sul clima, sullo stato del Pianeta e della natura che tutti considerano di dominio pubblico, al punto che sono insegnate a tutti i ragazzini del mio Paese, e invece i politici del mio Paese non agiscono di conseguenza? Chi si sta occupando di proteggere le risorse che serviranno alle future generazioni?

Sono quasi sempre le domande semplici a sovvertire l'ordine, nella vita privata come in quella collettiva. Sempre che ci si dia la pena di rispondere.

5. Citato in A. Wulf, *L'invenzione della natura*, 2017.

Un altro Nobel è possibile

La risposta, temporalmente precedente rispetto alle domande di Thunberg, è arrivata da Elinor Ostrom (1933-2012), Nobel per l'Economia nel 2009 insieme a Oliver Eaton Williamson (1932-2020). Era la prima volta, nell'ultracentenaria esperienza del Premio, che quello per l'Economia veniva assegnato a una donna, e questo offrì il destro a tutta la stampa generalista per occuparsi della cosa con i toni con cui presumibilmente si descrivevano in altri tempi i fenomeni da baraccone, invece di entrare nello specifico delle ricerche dei due e, in particolare, della Ostrom. La quale ha fornito al settore dell'economia e dell'econometria un metodo per misurare come l'organizzazione comunitaria delle società umane sia in grado di tutelare le risorse naturali, ovvero i cosiddetti "beni comuni".

La riflessione sul tema, affascinante e antico, della protezione dei beni comuni si era incagliata in modo significativo nel 1968, quando Garrett Hardin (1915-2003) uscì su *Science* con un articolo dal titolo "The Tragedy of Commons" (La tragedia dei beni comuni) che già in epigrafe chiariva la questione:

> «Il problema demografico non ha soluzione tecnica: richiede un'estensione nel campo della moralità».

L'ecologo statunitense non dava scampo: un uso razionale e duraturo di un bene collettivo non era possibile per via dell'innato egoismo umano che aveva già fatto fallire l'esperimento delle *common lands* inglesi ai tempi delle *enclosures*. I pascoli, sovrasfruttati dagli allevatori che li avevano in uso gratuito ma per un anno soltanto, si esaurivano e diventavano, nel tempo, inutilizzabili. La recinzione, ovvero il passaggio di questi terreni nelle proprietà dell'aristocrazia fondiaria, ne recuperò la fertilità. Viva gli amorevoli Lords, abbasso i poveracci egoisti.

Elinor Ostrom fece ricerche diverse. Si mosse, con metodologie da antropologa ma finalità da politologa ed economista, e osservò gli usi di varie popolazioni, dai nativi americani ai ceti rurali del Nepal, ai pescatori africani, modellizzando il successo del comportamento comunitario nella tutela delle risorse naturali. Il trucco che Hardin non aveva considerato sta nei comportamenti collettivi, partecipati e comunitari anziché in quelli individuali. I primi prendono coscienza dell'importanza del bene e, stabilendo regole nell'interesse di tutti, ne gestiscono l'uso, socializzandone i benefici e minimizzando i danni; i secondi agiscono solo in base all'obiettivo del massimo beneficio individuale e di fatto creano le premesse per un danno collettivo futuro. I primi curano, gli altri fanno profitto. I primi hanno come stella polare il futuro, i secondi solo il presente.

Finora, tuttavia, ci siamo riferiti all'agricoltura e all'industria come fossero mondi separati e in qualche modo alternativi. Lo abbiamo fatto soprattutto parlando di cultura contadina e di cultura industriale o urbana. Ma se spostiamo l'attenzione sulla produzione vera e propria, agricoltura e industria non sono separate da oltre due secoli, come si è visto nelle pagine precedenti: dobbiamo quindi tenere presente che, quando parliamo di visione industrialista, riduzionista, semplificata e orientata al profitto, ci stiamo riferendo anche a una consistente parte della produzione agroalimentare.

È dunque tra due tipologie di agricoltura che occorre distinguere, mentre occorre ricordare che il capitalismo ha a che fare anche con la produzione primaria. È ancora Laura Conti a dichiararlo:

> «(...) l'attività agricola è ferreamente soggetta alle leggi economiche della società capitalistica: si tratta di leggi che sospingono il massimo sfruttamento delle risorse nell'oggi, senza sollecitudine per il domani. Questa incapacità di guardare il domani come proprio, questa tendenza a considerarlo "altrui", cioè non degno di considerazione, sono un aspetto dell'alienazione. Rapinare la fertilità del suolo, sfruttandola oggi in modo tale che domani il suolo non sarà più utilizzabile, oppure accumulare scorie radioattive per le necessità energetiche di oggi, accumulando per domani i pericoli della radioattività, significa essere così alienati da non riuscire a identificare "io oggi" con "io domani"».

L'"io domani" sono, anche, gli altri. Sono, per l'appunto, le generazioni future, che nella visione di comunità non escono mai dal radar dell'attenzione degli adulti perché si conoscono, si vedono, si parlano. Scrive Schumacher in *Piccolo è bello*:

«(...) Le persone possono essere se stesse solo in piccoli gruppi che si comprendono. Perciò dobbiamo imparare a pensare nei termini di una struttura articolata che sappia cavarsela con una molteplicità di unità a piccola scala».

Nella dimensione comunitaria, le generazioni future non sono un'entità astratta come paiono esserlo quando l'espressione "generazioni future" è usata in premessa a un piano di "ripresa e resilienza" governativo che poi alloca miliardi su azioni che porteranno avanti il solito vecchio modello produttivistico. Nelle nostre società industrializzate abbiamo distolto l'attenzione non solo da tutto quello che non c'è più, come appare chiaro in *We are seven*, ma anche da tutto quello che non c'è ancora.

Il capitalismo non conosce domani (non è un caso se per indicare un comportamento eccessivo si dice «come non ci fosse un domani») e tendenzialmente considera il passato come qualcosa da "superare": in questo risiede la radice della sua dannosità, perché la mancata "sollecitudine del domani" porta, necessariamente, all'esclusione dal campo di interesse delle persone in quanto tali. Ancora Schumacher:

«Nessun livello di prosperità potrebbe giustificare l'accumulazione di grandi quantità di sostanze altamente tossiche che nessuno sa come rendere sicure e che rimangono un pericolo incalcolabile per tutta la creazione, per ere storiche o addirittura geologiche. Fare una cosa simile è una trasgressione contro la vita stessa, una trasgressione infinitamente più seria di ogni altro crimine mai perpetrato dall'uomo. L'idea che una civiltà possa sostenersi sulla base di una simile trasgressione è una mostruosità etica, spirituale e metafisica. Essa significa condurre gli affari economici dell'uomo proprio come se gli uomini non contassero affatto».

Il pessimo Scrooge, avido, arido e incattivito uomo d'affari protagonista del *Canto di Natale* (1843) di Charles Dickens (1812-1870), autore inglese che osserva, descrive e denuncia le iniquità sociali del crescente industrialismo, viene visitato nella notte di Natale da tre spiriti che lo porteranno a comprendere quali sono i veri valori della vita e quanto male ha compiuto per amore del denaro. Il racconto si chiude con il grido di liberazione del capitalista redento:

> «Voglio vivere nel Passato, nel Presente e nel Futuro!», ripeté Scrooge, balzando fuori dal letto.

4. I luoghi siamo noi

Nel passaggio da una sussistenza basata sul nomadismo, la caccia e la raccolta a una basata sulla sedentarietà, l'allevamento e la coltivazione, abbiamo modificato la nostra relazione non solo con il tempo ma con lo spazio. Con un'importante differenza: nel prendere coscienza del tempo prendiamo coscienza innanzitutto di noi stessi, mentre modificando la nostra relazione con lo spazio modifichiamo le relazioni con gli altri.

Lo spazio è, per percezione immediata, di tutti. Percepivamo sicuramente il diritto altrui sugli spazi da noi occupati anche quando temevamo che animali selvatici si avvicinassero troppo, quando proteggevamo per questo l'ingresso delle caverne o capanne.

Roy Lewis (1913-1996), giornalista inglese, scrive nel suo capolavoro *Il più grande uomo scimmia del Pleistocene* (pubblicato nel 1960 e giustamente definito, nella prefazione all'edizione 1988 a firma di sir Terence David John Pratchett, «uno dei libri più divertenti degli ultimi cinquecentomila anni»):

> «Ogni donna scimmia desidera un posto decente in cui tirar su la famiglia: una vera casa, comoda calda e, in primo luogo, asciutta; nessuno, immagino, vorrà negare che

> ciò fondamentalmente significhi una caverna. Non c'è nient'altro che possa davvero risolvere il problema della prolungata dipendenza della prole dai genitori, questa evidente peculiarità della specie, dovuta all'inesorabile protrarsi dell'istruzione da impartire ai piccoli. Sugli alberi si sta relativamente al sicuro, ma chi ha provato (...) sa quanto sia incomparabilmente scomodo. Naturalmente si può fare un nido a terra. (...) Un nido simile ti permette anche di stendere le gambe, di notte; ma non ferma gli acquazzoni, e nemmeno il più leggero dei leopardi. (...) Ogni donna scimmia vuole una caverna, anche minima, con un tetto sopra la testa, solida roccia alle spalle e un'apertura stretta che si possa presidiare a difesa dei cuccioli con qualche probabilità di successo. Si può anche chiuderla con un albero sradicato e dentro, in alto, ricavare una nicchia dove nascondere il neonato o tenere le provviste. Ma tutte queste cose le sanno anche gli animali, gli orsi come i leoni e le tigri dai denti a sciabola, sicché le caverne non bastano mai. (...) Abbiamo scoperto che se è un grosso felino a occupare una caverna, di regola bisogna lasciargliela; o cedergliela facendo rapidamente fagotto se per caso ci abitavi tu ma la voleva lui».

Questo era lo spazio prima dell'agricoltura, il luogo in cui si collocavano il nostro corpo e quello degli altri animali più o meno simili a noi, in cui potevamo recuperare tutto ciò che ci era necessario per vivere, dalla casa dove abitare agli strumenti per proteggerla, dal cibo alla selce da affilare per costruire i nostri arnesi.

Quando questo spazio ha iniziato a essere spazio "nostro", come si sono evoluti i rapporti sociali? Tra l'essere su un territorio, situazione in cui qualunque essere animato (e non) si ritrova, e il coltivare un pezzo di quel territorio c'è di mezzo il germe dell'idea di proprietà. Abbiamo già detto che con l'agricoltura nascono anche la necessità e la possibilità dell'accumulo di beni, ma perché ciò possa succedere occorre esercitare un qualche tipo di diritto su un determinato spazio, quello di cui ci "prenderemo cura".

La contrapposizione storica tra pastori e contadini nasce da necessità opposte non conciliabili: i pastori hanno bisogno di muoversi, i contadini di restare. I pastori devono attraversare i territori, i contadini non possono permettere che i loro campi coltivati siano attraversati. Dai tempi di Caino e Abele la rivalità non ha conosciuto soste, e comunque ancora una volta nell'Antico Testamento la parte del cattivo la fa un agricoltore. Caino, che secondo la tradizione ebraica, al di là della paternità anagrafica accordata ad Adamo, sarebbe nientemeno che figlio biologico del serpente (con quel che ne consegue riguardo alla reputazione di Eva) uccide Abele, un pastore i cui agnelli (a differenza dei prodotti della terra) erano stati graditi dal Signore, e questo aveva scatenato la gelosia del primogenito. Il quale è non solo empio ma bugiardo: quando il Signore gli chiede «Dov'è tuo fratello?» risponde: «Sono forse io il guardiano di mio fratello?». Ovvero: quello che bada alle bestie è lui, io faccio un altro mestiere. Era una buona battuta, dopo tutto, ma non funzionò. Quel giorno l'umanità si fece un promemoria: meglio non fare dello spirito quando si ha torto.

«Adamo si unì a Eva sua moglie, la quale concepì e partorì Caino e disse: "Ho acquistato un uomo dal Signore". Poi partorì ancora suo fratello Abele. Ora Abele era pastore di greggi e Caino lavoratore del suolo.
Dopo un certo tempo, Caino offrì frutti del suolo in sacrificio al Signore; anche Abele offrì primogeniti del suo gregge e il loro grasso. Il Signore gradì Abele e la sua offerta, ma non gradì Caino e la sua offerta. Caino ne fu molto irritato e il suo volto era abbattuto. Il Signore disse allora a Caino: "Perché sei irritato e perché è abbattuto il tuo volto? Se agisci bene, non dovrai forse tenerlo alto? Ma se non agisci bene, il peccato è accovacciato alla tua porta; verso di te è il suo istinto, ma tu dòminalo".
Caino disse al fratello Abele: "Andiamo in campagna!". Mentre erano in campagna, Caino alzò la mano contro il fratello Abele e lo uccise.
Allora il Signore disse a Caino: "Dov'è Abele, tuo fratello?". Egli rispose: "Non lo so. Sono forse il guardiano di mio fratello?". Riprese: "Che hai fatto? La voce del sangue di tuo fratello grida a me dal suolo! Ora sii maledetto lungi da quel suolo che per opera della tua mano ha bevuto il sangue di tuo fratello. Quando lavorerai il suolo, esso non ti darà più i suoi prodotti: ramingo e fuggiasco sarai sulla terra". Disse Caino al Signore: "Troppo grande è la mia colpa per ottenere perdono? Ecco, tu mi scacci oggi da questo suolo e io mi dovrò nascondere lontano da te; io sarò ramingo e fuggiasco sulla terra e chiunque mi incontrerà mi potrà uccidere". Ma il Signore gli disse: "Però chiunque ucciderà Caino subirà la vendetta sette volte!". Il Signore impose a Caino un segno, perché non lo colpisse chiunque l'avesse incontrato».

Tuttavia, questa non è l'unica versione che gira sulla storia. A quanto scrive Heinrich Jacob (1889-1967), giornalista tedesco-americano autore di una grandiosa opera dal titolo *I seimila anni del pane* (1944), i fatti potrebbero essere andati diversamente:

> «La Bibbia non ha rivelato chiaramente le ragioni del primo fratricidio. Ma il Talmud narra la storia più compiutamente. Abele, il mandriano, aveva lasciato libere le sue bestie nei campi di Caino ed aveva canzonato il fratello faticante sui solchi dicendogli: "Chi si veste delle mie pelli deve permettere alle mie bestie di calpestare i suoi campi"».

Comunque sia, siamo alle solite: castigo e benevolenza secondo uno schema ormai collaudato. Ciò che ci importa qui, tuttavia, è il timore di Caino: se mi cacci dalla mia terra, chiunque mi potrà uccidere. Non la casa, dunque come luogo della sicurezza, ma la terra: per gli agricoltori "casa" sono i campi che coltivano.

Le riflessioni sull'agricoltura, sulla possibilità stessa di un'agricoltura rispettosa della natura sono sempre connesse alla necessità della proprietà terriera.

Gli americani forse per primi ragionarono come popolo su questo tema, mentre l'Europa ancora attendeva le sue rivoluzioni e le sue rivolte contadine. Thomas Jefferson (1743-1826), terzo presidente degli Stati Uniti, era un agricoltore attento, competente e innovativo. Sosteneva che ogni uomo (presumibilmente intendeva ogni uomo libero, dato che era anche un convinto, per quanto clemente, schiavista) dovesse possedere un pezzo di terra al fine di poter mantenere la propria indipendenza e considerava gli agricoltori «i veri rappresentanti dell'interesse americano», gli unici che avesse senso eleggere al Congresso, a differenza dei commercianti «che non hanno una patria (vedi nota 5)».

Il concetto è espresso in modo inappellabile, circa 150 anni dopo, da Jean Giono (1895-1970) scrittore francese che nel 1938 pubblica *Lettera ai contadini sulla povertà e la pace*:

> «Senza la proprietà il contadino non ha più nessuna qualità contadina. Non può vivere senza la proprietà. È il suo primo strumento. (...) Il suo lavoro va direttamente dalla terra alla bocca. Per questo è normalmente attaccato alla terra come a una parte del suo corpo. È la sua proprietà: è sua. Se si modifica questo legame diretto terra-corpo, si distrugge il contadino».

Sapere i nomi

I posti in cui abitiamo a lungo, in cui (e di cui) "viviamo", sono quelli che possiamo conoscere meglio. Potrebbe essere una banalità, anzi lo era sicuramente fino a qualche decennio fa.

Oggi le cose sono piuttosto diverse, per una serie di ragioni su cui vale la pena di ragionare in questa sede.

Il primo elemento, solo apparentemente banale, è che non ci spostiamo più a piedi. Il che non significa che non camminiamo, anzi. Una quantità crescente di persone attente al proprio benessere percorre con regolarità un significativo numero di chilometri a piedi, qualche volta correndo. Munite di app contapassi (eccellente scusa per non lasciare a casa il telefono nemmeno in quelle occasioni) e di cuffie per ascoltare la musica (idem), attraversano città o campagne senza perlopiù vederle, come se si muovessero su mappe, ovvero su luoghi virtuali, anziché su territori reali. Qualcuno spinge la virtualità dell'operazione restando a casa e dedicandosi a un'attività fisica su un *tapis roulant* dotato di schermo e contachilometri sul quale scorrono immagini bucoliche, ma possono anche scorrere film di avventura o notiziari di borsa. Quindi il punto non è "fare dei passi". Il punto è andare a piedi "da qualche parte" e in maniera consuetudinaria. I ragazzini che andavano a scuola a piedi tutti i giorni, le persone che andavano al mercato o al lavoro percorrevano con regolarità un tragitto che diventava parte del loro stesso divenire. Si accorgevano delle prime gemme dei tigli, sentivano il profumo dei fiori, apprezzavano l'ombra del fogliame, camminavano sulle foglie cadute, badavano a non passare sotto quei rami dopo nevicate abbondanti. Soprattutto: sapevano che erano tigli. Oggi gli alberi fanno parte di un arredo urbano di cui non ci sentiamo tenuti a prendere coscienza (e men che meno cura) e non sappiamo più i nomi degli alberi.

Lettera a una professoressa, il veemente testo scritto dai ragazzi della scuola di Barbiana con la guida del loro priore, don Lorenzo Milani (1923-1967), e pubblicato nel 1967, sviluppa una critica al sistema scolastico dell'epoca (ma alcune delle critiche sono ancora fresche come scritte ieri).

> «La mia maestra di prima elementare mi disse: "Monta su quell'albero e coglimi due ciliegie". Quando lo seppe la mia mamma disse: "O chi le ha dato la patente?" Avete dato l'abilitazione a lei e la negate a me che d'albero non glie l'ho mai dato a nessuno in vita mia. Li conosco per nome a uno a uno».

Conosciamo i nomi, o li vogliamo sapere, di cose e persone che ci interessano. Impariamo quotidianamente i nomi di nuovi "device", anche quando sono in lingue diverse dalla nostra. Impariamo i nomi degli atleti, degli attori e dei registi, dei musicisti. Quando vediamo qualcuno che ci piace o ci interessa chiediamo «Chi è?» per saperne il nome. Con gli alberi e gli altri protagonisti vegetali dei nostri spostamenti negli spazi che condividiamo con loro, non lo facciamo. Né con gli uccelli. Men che mai con gli insetti. Dei pesci nemmeno a parlarne. Dare un nome alle cose è il primo gesto con il quale diventiamo attenti, nel bene e nel male. Anche quando rinominiamo luoghi che un nome ce l'hanno già, come fece Colombo con l'America, e anche quando di quelle "attenzioni" probabilmente quei luoghi avrebbero fatto volentieri a meno.

Spostarsi in auto, sia pure in luoghi noti, non consente di relazionarsi con l'evolvere degli elementi viventi con cui compartiamo lo spazio. Senza relazione non c'è cura.

Sapere i luoghi

Secondariamente viviamo, spesso, in luoghi che non ci appartengono e ai quali non sentiamo di appartenere. L'intensa mobilità che ha contraddistinto gli ultimi due secoli, non solo quella che spostava le persone dalla campagna alla città, ma anche quella dei tanti colonialismi, quella delle migrazioni spontanee o forzate, quella innescata dall'idea che avere successo implichi spesso allontanarsi dalla propria comunità di origine, ha interrotto flussi di sapienze e competenze che preservavano i luoghi attraverso l'accumularsi delle memorie. Lo chiarisce Wendell Berry, articolata figura di agricoltore, accademico e poeta statunitense, nel saggio *Il compito della cultura locale* (1988):

> «(...) i nostri figli imparano per lasciare la casa, non per restarvi, e i costi di questa educazione sono stati assolutamente sottovalutati. Uno di essi è psicologico, l'altro è al contempo culturale ed ecologico».

Allungare la durata della vita media è stato certamente un passaggio importante, ma poi serve che gli anziani possano passare le loro informazioni a qualcuno, se no come si cresce? Osserva Jared Diamond:

> «(...) gli utensili neanderthaliani di 100.000 anni fa e quelli di 40.000 anni fa sono quasi identici. (...) I loro manufatti non presentano alcuna variazione nel tempo o nello spazio che ne suggerisca il carattere più umano fra tutti: l'inno-

> vazione. (...) Anche i nonni, e la vecchiaia, dovettero essere rari tra i neanderthaliani. Gli scheletri indicano chiaramente che gli adulti potevano vivere fino a un'età compresa fra i trenta e i quarant'anni o poco più, ma non oltre i quarantacinque. Se non possedessimo la scrittura, e se nessuno di noi vivesse oltre i quarantacinque anni, anche la capacità della nostra società di accumulare e trasmettere informazione ne risulterebbe sicuramente menomata».

Il grande paradosso è che nei Paesi più poveri, dove le generazioni tendono a rimanere nello stesso luogo, la durata media della vita è tale per cui non ci sono abbastanza anziani per passare sufficiente cultura da permettere un avvicendarsi dinamico di tradizioni e innovazioni. Senza contare l'emorragia di migranti, che porta via dai luoghi speranze e competenze. Dove invece la vita si è allungata, le generazioni tendono a non poter beneficiare di questo flusso di sapienza, perché non permangono nello stesso posto abbastanza a lungo.

Permanere, per generazioni, nello stesso luogo, e in particolare, riprendendo Wendell Berry, nella stessa azienda agricola, significa accumulare sapienza riferita a un luogo con le sue specificità biologiche, culturali, storiche, paesaggistiche.

Quelli che si prendono cura degli spazi in modo capillare e costante sono gli agricoltori. Non tutti, ovviamente, e anche per loro vale quello che vale per tutti. Per poter tenere d'occhio i tuoi campi, per accorgerti se sta iniziando un problema o se ci sono i segnali di una nuova stagione in arrivo, devi "camminarli", per usare una felice espressione di Luigi Veronelli (1926-2004). Puoi farlo se le dimensioni della tua azienda te lo consentono, oltre quella grandezza dovrai attraversarla a bordo di un qualunque strumento di meccanizzazione agricola, e non la vedrai più. Ma quando c'è una relazione vera tra la terra e chi la coltiva, allora le consuete categorie del possesso e della produttività si fanno deboli, inadeguate, e vale quanto il filosofo Emmanuel Lévinas (1906-1995) in *Totalità e Infinito* (1971) scrive a proposito della fecondità:

> «Il figlio non è soltanto la mia opera, come un poema o un oggetto. Non è neppure la mia proprietà. Né le categorie del potere né quelle del sapere descrivono la relazione con il figlio (...). Io non ho mio figlio, sono mio figlio».

Gli agricoltori che curano i loro campi sono i loro campi, o i padri dei loro campi. L'agricoltura ci ha resi un tutt'uno con lo spazio che abbiamo deciso di coltivare.

In *La leggenda di Sleepy Hollow*, opera di fondazione al contempo del genere del romanzo breve e della letteratura americana, Washington Irving (1783-1859) offre una piacevole occasione di conferma di come le preoccupazioni relative al futuro di una figlia, chiesta in sposa da un "forestiero" cittadino, possano sovrapporsi a quelle per il destino dell'azienda agricola che il pretendente riceverebbe insieme alla sposa. Ichabod Crane è uno spiantato, un po' avido ma di buon cuore, che arriva in una coesa comunità rurale con funzioni di maestro di scuola. Si innamora di Kathrina Van Tassel, e non sono ininfluenti, rispetto al suo sentimento, oltre al piacevole aspetto della ragazza, le consistenti proprietà del padre. Crane non "appartiene" a quelle terre e le vicende della storia faranno sì che se ne allontani per sempre, senza aver preso moglie e, soprattutto, senza aver messo in atto i suoi intenti predatori:

> «Mentre Ichabod fantasticava rapito, contemplando con i suoi occhioni verdi le feconde praterie e i floridi campi di grano, segale, mais e grano saraceno, e poi gli orti gravati di frutti vermigli che circondavano l'accogliente tenuta di Van Tassel, il suo cuore si struggeva per la fanciulla che avrebbe ereditato quei domini, che la sua immaginazione trasformava lesta in liquidità da investire in sconfinate lande selvagge e in palazzi eretti in mezzo al nulla».

Nessuno conosce i progetti di Crane, e il suo rivale in amore, un solido giovanotto del luogo, lascia la festa senza sapere che la ragazza non ha accettato la proposta di matrimonio. Crane, però, è un forestiero e tanto basta per allarmare la comunità locale. Soprattutto tanto basta perché lui costituisca davvero un pericolo per quelle terre, forse ancor più preziose perché appena sottratte ai loro legittimi "proprietari" – i nativi americani – dalla colonia di olandesi che si è insediata a Sleepy Hollow. Per questo si farà in modo che Crane se ne vada per sempre e non gli torni la voglia di rivedere quei luoghi.

Il tema dell'alternarsi dei ruoli tra colonialisti e colonizzati corre sottotraccia lungo tutto il racconto, ed è stato ben evidenziato dall'analisi che ne ha fatto Alessandro Portelli in *Il re nascosto. Saggio su Washington Irving* (1979).

Proprio questo continuo scambio di ruoli ci porta a domandarci: come mai anche quando sapevamo aver cura della nostra terra, prima che l'industrializzazione ci portasse a forzare i ritmi nostri e della natura, abbiamo invece sempre devastato, ecologicamente e umanamente, i luoghi che abbiamo colonizzato? Per amore della nostra patria, si risponderà, verso la quale indirizzavamo, con diversi gradi di violenza, le risorse di quei territori. Adesso però devastiamo anche i territori sui quali siamo nati e cresciuti, i "nostri" luoghi. Perché nessuno di noi ha più una madrepatria, l'unica patria nella quale ci riconosciamo è il nostro individuale tornaconto, tutto il resto è poco più di una formale indicazione geografica. Sarà forse bene tornare a riflettere sulle parole di Thomas Jefferson a proposito degli agricoltori, quelli che lavorano con attenzione e saggezza, gli unici ad avere ancora una patria e forse gli unici che possono insegnare alle società industriali come tornare ad abitare i loro spazi senza trasformarsi in "banditi", come fanno, secondo Howard, i cattivi agricoltori:

> «Il rapporto corretto tra i processi di crescita e di decomposizione è il primo principio di un'agricoltura vincente. (...) Se acceleriamo la crescita dobbiamo anche accelerare

> la decomposizione. Se invece si sperperano le riserve del suolo, la produzione delle messi cessa di essere buona agricoltura e diventa una cosa molto diversa; l'agricoltore si trasforma in bandito».

Bandito. Proprio come Caino, cacciato dalla sua terra perché l'aveva profanata con il sangue del fratello, un suolo che "non gli darà più i suoi prodotti". Le grandi metafore dell'Antico Testamento, sono in circolazione da qualche migliaio di anni, segno che erano fatte per bene, e tornano buone ancora oggi: non è solo con la chimica di sintesi usata senza discernimento che abbiamo profanato i nostri luoghi. Ma con il sacrificio delle vite dei più deboli e più miti, prime vittime, per numero e cronologia, di ogni squilibrio ecologico.

Di questo parleremo nel prossimo capitolo.

5. Troppi agricoltori, pochi agricoltori

«L'ecologia, più che un lusso dei ricchi, è una necessità dei poveri». Lo scriveva, nel 1990, Alexander Langer (1946-1995) in *La cura per la natura: da dove sorge e a cosa può portare*. Langer, uomo politico di formazione cattolico-sociale, esponente di Lotta Continua, di cui diresse per un periodo anche il quotidiano, fu tra i fondatori della Federazione dei Verdi. Se non avesse deciso di sottrarsi al mondo prima dei cinquant'anni oggi ne avrebbe settantasei e sarebbe uno dei punti di riferimento della lotta per quella che un fronte di attivismo sempre più ampio, che va dal papa ai ragazzi di Fridays for Future, chiama, correttamente, «giustizia ambientale».

Alla fine della seconda guerra mondiale la situazione degli agricoltori dei Paesi industrializzati non era invidiabile: vita dura, moltissimo lavoro fisico, un reddito non adeguato, scarsa scolarizzazione. Sebbene la percentuale non abbia fatto che calare dal Settecento in poi, gli addetti al settore primario erano ancora circa il 40% della popolazione. I governi – tutti i governi, di tutti i Paesi e di tutte le aree politiche – spingevano sull'industrializzazione e consideravano la persistenza di una forte componente rurale come il segnale dell'arretratezza delle nazioni.

Negli anni Cinquanta e Sessanta, le città chiamavano, le industrie rassicuravano, la chimica di sintesi millantava credito e, soprattutto, il riduzionismo imperava. Le punte di diamante della riflessione politica internazionale partorirono un disegno altamente sofisticato: una divisione aritmetica. È vero, ammisero, gli agricoltori hanno un reddito troppo basso. Ma è solo perché sono troppi. Se, a parità di reddito complessivo riduciamo il numero di coloro che lo percepiscono, il gioco è fatto. Basta spingere su chimica e meccanizzazione, eliminiamo quelle aziendine piccole che non servono a niente, cerchiamo di accorpare le proprietà in modo da avere poche aziende grandi con pochi addetti e vivranno tutti felici e contenti.

Nel frattempo, nel 1957 nasce, con il Trattato di Roma, la Comunità Economica Europea, detta anche Mercato Comune Europeo, per iniziativa di Belgio, Francia, Germania, Italia, Lussemburgo e Paesi Bassi. Un embrione di Unione Europea, ma il fatto che si chiamasse in un altro modo non è un dettaglio, anzi spiega, per tornare all'importanza dei nomi delle cose, la fatica che stiamo facendo, da decenni, per trasformare quella che era un'unione di mercati in un'unione di popoli. Non l'abbiamo progettata, l'unione di popoli, la possiamo fare e ci stiamo lavorando, ma dobbiamo sapere che, per farla *diventare*, bisogna cambiarla.

Ma nemmeno questo racconto è totalmente fedele. Quando, nel 1941, alcuni antifascisti confinati a Ventotene scrissero un documento chiamato *Per un'Europa li-*

bera e unita. Progetto d'un manifesto, che iniziò a circolare clandestinamente, l'idea non era quella del Mercato Comune. Era, piuttosto, quella di creare un «solido Stato internazionale», di ispirazione socialista, che avrebbe dovuto puntare all'«emancipazione delle classi lavoratrici» e alla «realizzazione per esse di condizioni più umane di vita», ponendo una stringente serie di limiti e regole alla proprietà privata. La prima stesura, redatta da Altiero Spinelli (1907-1986) ed Ernesto Rossi (1897-1967), è andata perduta, ma il *Manifesto di Ventotene*, come lo si chiama di solito, nel tempo è stato pubblicato e ripubblicato. Bisognerebbe lo leggessero anche i ragazzi a scuola, non tanto pensando che è il punto da cui si è partiti e che l'Unione Europea attuale né è la sbiadita realizzazione pratica, quanto il contrario. Quelle istanze sono ancora tutte valide. Abbiamo iniziato una manovra di avvicinamento alla realizzazione di quegli ideali: siamo partiti con il Mercato Comune Europeo, oggi siamo alle strategie del Green New Deal, certamente più vicine allo spirito di Ventotene delle prime iniziative prese dalla Comunità Economica Europea. Si procede per lenti progressi, il trucco è non stancarsi, e per non stancarsi bisogna che arrivino a dar manforte sempre nuove energie, le famose "generazioni future".

Il primo commissario all'Agricoltura della nuova istituzione fu l'olandese Sicco Mansholt (1908-1995). Era un agricoltore convinto e competente, che aveva studiato l'agricoltura tropicale sul campo, ma poi decise di tornare in patria e di gestire un'azienda sua, continuando la tradizione di famiglia. La sua carriera politica inizia nel 1945, subito dopo la guerra, durante la quale aveva partecipato alla resistenza contro l'occupazione nazista, diventando anche comandante partigiano. Una storia non dissimile da quella di Spinelli, Rossi e gli altri del gruppo di Ventotene. Una biografia perfetta per un commissario europeo che deve occuparsi delle agricolture di sei diversi Paesi e disegnarne il futuro. A lui dobbiamo la creazione della Politica agricola comune, ma sempre a lui dobbiamo la divisione aritmetica di cui dicevamo.

In sua difesa va detto che fondatori del Mercato Comune erano sei Paesi usciti dalla guerra con esiti diversi dal punto di vista bellico e politico, ma con una situazione molto simile dal punto di vista economico: la fame era stata una compagna per troppo tempo e, per quanto potesse essere prioritario assicurare all'Europa un futuro di pace e libertà, il primo punto all'ordine del giorno era procurare cibo a sufficienza per tutti i suoi abitanti. La Pac viene varata nel 1962, lo stesso anno in cui esce negli Stati Uniti *Silent Spring* di Rachel Carson e ventidue anni dopo la pubblicazione di *An Agricultural Testament* di Albert Howard. Ma questa è la politica: quella che non legge, che non ascolta, che non ha mai ascoltato, per decenni, le voci che si alzavano in difesa della salute dei suoli, delle acque, dell'agricoltura in armonia con la natura.

Il 20 febbraio 1969 Sicco Mansholt è intervistato dal Corriere della Sera. Il pezzo, di un allora ventinovenne Massimo Riva, ha come occhiello «L'agricoltura di domani» e come titolo un'inquietante rassicurazione: «La gente non sarà cacciata dalle campagne: si intende solo garantire a chi se ne dovrà comunque andare un minimo per sopravvivere».

Excusatio non petita? Non so come suonassero, per i lettori e in particolare per gli agricoltori, le parole di Sicco Mansholt allora. Ma a leggerle oggi sembrano la lucida pianificazione della débâcle ambientale, economica e sociale dell'agricoltura, che oggi è sotto i nostri occhi:

> «(...) ho proposto il pensionamento degli agricoltori a partire dai 65 anni ed un premio a chi si ritiri in anticipo per far posto ai giovani. Insomma il mio piano non vuole cacciare la gente dalle campagne, ma garantire a chi se ne dovrà comunque andare un minimo per sopravvivere. La maggior parte dei contadini europei ha un reddito inferiore a quello di un operaio dell'industria. L'esodo esiste già: si tratta di affrontare questo importante fenomeno sociale con un'organizzazione, senza lasciarlo a se stesso. (...) Non è vero che io voglia creare delle fabbriche sul modello dell'industria. Penso piuttosto ad aziende che impieghino 3 o 4 persone, ma razionalmente organizzate nel lavoro con una meccanizzazione molto spinta. Abbiamo calcolato che, con le tecniche di oggi, un uomo solo può governare 40 vacche da latte o 450 maiali o 200 vitelli da ingrasso. (...) In qualunque paese, questi piccoli proprietari che vivono in misere condizioni sono un pericolo per tutti i partiti democratici, cristiani o socialisti. Alla lunga essi sono il fondamento dell'anarchia».

La produttività è un sottoprodotto agricolo

Nel 1970 viene pubblicata a Parigi un'analisi dei provvedimenti attuati da Mansholt: *A future for European Agriculture: a report by a panel of experts,* a opera di un gruppo internazionale di autori. Tra loro, l'economista italiano Manlio Rossi Doria (1905-1988), grande meridionalista e anch'egli con una storia di attivo antifascismo. Tuttavia, le sue preoccupazioni per le conseguenze sociali di uno sviluppo agrario improntato ai modelli industriali non caratterizzarono quel lavoro collettivo. Tre anni più tardi, Schumacher in *Piccolo è bello* riferendosi a quella pubblicazione scrive:

> «Il Piano Mansholt, dicono gli esperti, "rappresenta un'iniziativa coraggiosa. Si basa sull'accettazione di un principio fondamentale: il reddito agricolo può essere mantenuto solo se si accelera la riduzione della popolazione agricola e se le unità agricole raggiungono rapidamente una dimensione economicamente vitale". (...) Non si può seriamente eccepire a queste affermazioni se adottiamo, come hanno fatto gli esperti, la posizione metafisica del materialismo più crudo, per cui i costi e i redditi in denaro sono i criteri ultimi che determinano l'azione dell'uomo e il mondo vivente non ha altri significati al di là di essere una fonte da sfruttare. Entro un'ottica più ampia, invece, la terra è vista come un bene inestimabile che è compito e gioia dell'uomo di "curare e mantenere". Possiamo dire che la gestione della terra da parte dell'uomo deve essere principalmente orientata verso tre obiettivi: salute, bellezza e stabilità. Il quarto obiettivo (il solo

accettato dagli esperti), la produttività, sarà conseguito quasi come un sottoprodotto».

Perché la politica non sceglie mai il percorso – usando le parole di Langer – *lentius, profundius, suavius*? Perché ha fretta. Fretta di poter spiattellare – prima della fine del mandato – qualche numero, spacciandolo per un risultato. Ha fretta come ha fretta la finanza, perché il profitto individuale va creato nel minor tempo possibile, e già questo basterebbe a renderlo antitetico all'idea di sostenibilità, che invece chiede che i processi siano disegnati per durare il più a lungo possibile.

La misura dei miracoli

Non era impossibile fare scelte diverse, ma bisognava partire da assunzioni diametralmente opposte, bisognava aver letto Jean Giono, che nella sua *Lettera* (pubblicata quando Mansholt aveva trent'anni), scriveva:

> «Non so chi vi ha fatto credere che i miracoli esplodano come fulmini. È per questo che non li vediamo mai. Ma quando si sa che i miracoli si compiono sotto i nostri occhi, con estrema lentezza, ne vediamo a ogni passo. Non è a voi che bisogna insegnarlo, che seminate il frumento, poi gli lasciate il tempo che occorre, e quello germina, e si infittisce come oro sulla terra. Non vi è mai venuto in mente di fondere matematica e chimica in una macchina

che lo faccia crescere e maturare di colpo in un'ora. Sapete che la terra si opporrebbe».

Invece, nella nuova Europa e similmente negli Stati Uniti, l'idea era fare l'agricoltura senza gli agricoltori. Togliere al processo della produzione agricola i due elementi che l'hanno sempre tenuta in armonia con la natura: la gente e il tempo. Per fare agricoltura per bene ci vuole tanta gente e tanto tempo. Togliere le persone e truccare i tempi dell'agricoltura per poter alzare i profitti, questa è stata l'applicazione del modello industriale all'agricoltura. La gente e il tempo sono sempre stati le grandi ricchezze del mondo rurale: per devastarlo, cioè per devastare tutto quello su cui quel mondo si regge – un ambiente in salute – bastava eliminare quei due pilastri e sostituirli con il denaro, che però, come scrive Karl Marx (1818-1883) in *La miseria della filosofia* (1846), non è una cosa, è «un rapporto sociale».

In un articolo comparso il 7 luglio 2005 sul quotidiano messicano *La Jornada* il Coordinamento contro i pericoli della Bayer scriveva:

> «È falso che l'economia globalizzata stia eliminando l'agricoltura. Sta eliminando gli agricoltori. L'agricoltura nel senso di attività multifunzionale, generatrice di beni pubblici, di soddisfazioni, di riproduzione della vita, di produzione di comunità e di cultura, sta lottando contro giganti. Ma invece fiorisce come generatrice di merci e guadagni. E questo si deve, in gran parte, al fatto che gli attori dell'agricoltura stanno cambiando: si distruggono

i più numerosi, i piccoli, i poveri e si rafforzano i potenti e i pochi: le corporazioni multinazionali dell'agroalimentare».

Nessuno li cacciava, ma nessuno li aiutava a restare. Oggi, però, ci si straccia le vesti da un lato per lo spopolamento delle aree rurali, dall'altro per la disoccupazione:

> «Sui monti non ci possiamo stare. Nei campi siamo troppi. Tutti gli economisti sono d'accordo su questo punto»

scrivevano i ragazzi di Barbiana a cinque anni dal varo della Pac di Mansholt.

D'altronde Mansholt non aveva, come lui stesso dice nell'intervista, "cacciato" nessuno. Gli agricoltori che avevano ingigantito le proprie aziende, esattamente come quelli che le avevano vendute per cambiare vita e cercare sicurezza in città, lo avevano fatto seguendo un progetto di futuro migliore e soprattutto inserendosi in un flusso che non è iniziato certo negli anni Sessanta. Nella *Lettera*, più giovane di circa venticinque anni rispetto alla Pac, Giono immagina le obiezioni di un contadino a quanto lui va esponendo:

> «Abbiamo cominciato, io e mia moglie, nel 1919, con niente. Abbiamo preso un'azienda agricola dalle parti di Ongles. La terra non valeva nemmeno la metà di questa. Abbiamo avuto subito qualche buona annata, è vero, ma senza fatica non si ottiene nulla. Abbiamo messo da par-

te un po' di denaro, ma mica una fortuna. Non lavoravo quanto adesso. Se avessi lavorato quanto adesso, avrei messo via una vera fortuna. Il frumento lo si vendeva prima di trebbiarlo, ma ne facevo soltanto seimila chili; ero obbligato a far dell'altro. Facevo un po' di tutto e quasi niente di ogni cosa. Ce ne serviva per mangiare e su quello che rimaneva non facevo dei gran ricavi. Però erano annate talmente buone che si guadagnava con tutto. In cinque o sei anni abbiamo messo da parte un centinaio di migliaia di franchi. (...) In quel periodo abbiamo avuto i bambini, ma andava tutto bene. Mi son detto: se tu fossi in pianura faresti dieci volte tanto tanto, guadagneresti dieci volte tanto; centomila per dieci fa un milione. Lassù eravamo in affitto. Qui abbiamo comperato. Ho cominciato subito. Mi son detto: qui non perderai più tempo a fare patate o ortaggi. Qui, puoi coltivare in grande. (...) Allora ho messo frumento da un capo all'altro, ho messo dieci volte tanto di frumento, ma non ho guadagnato dieci volte tanto».

Segue il racconto di come le annate più abbondanti per il frumento abbiano iniziato a rappresentare un incubo, perché il prodotto restava invenduto e, non coltivando altro, tutto il resto del cibo andava acquistato. Senza contare le spese per la meccanizzazione, per la manodopera stagionale, per gli intermediari, perché se un'azienda produce grandi quantità di un unico prodotto non può smerciarlo senza servirsi di intermediari.

In più questa abbondanza, o meglio questo eccesso di produzione, va a scapito della qualità, sicché in sintesi Giono dice: producete di più, ma prodotti più scadenti, e comunque non ce n'è bisogno, tant'è che restano invenduti: «Questa è la dismisura della tecnica».

L'azienda moderna non è multifunzionale e di conseguenza i contadini non sono più autosufficienti. Prima, o quantomeno al contempo, di essere una questione di biodiversità impoverita, di competenze perse, di scarti di produzione non reimmessi in circolazione, l'uniformità delle aziende agricole è una questione squisitamente economica. Prosegue l'immaginario interlocutore di Giono:

> «Io che ho il frumento non ho le pesche. Chi ha le pesche non ha frumento. Non ho cipolle né asparagi, e mio fratello, che ne ha, non ha il frumento. Chi coltiva la vite compera il pane, io che ho il frumento compero il vino. Non posso vivere del mio frumento soltanto: mi servono le patate di uno, la vigna dell'altro, l'uovo di uno e il montone dell'altro. (...) A questo punto, solo per mangiare – il che come vedete non è così semplice – ho un bisogno assoluto di soldi come chiunque altro. Io non sono padrone di quelli che mi governano; e, se mi uccidono, lo fanno senza il mio permesso, non posso impedirglielo, perché mi forniscono questo genere di prima necessità: il denaro».

Avere tutto, tranne il denaro

Se avete la possibilità di parlare con qualche anziano contadino, di quelli che facevano i contadini davvero e si definivano con questo termine prima che organizzazioni di categoria lo sostituissero, con mal riposta fierezza, con la locuzione "imprenditore agricolo", vi racconterà certamente di situazioni di miseria, di fame, di malattie da malnutrizione molto diffuse, specialmente man mano che ci allontanava dalla pianura in direzione dei monti. Ma vi racconterà anche di una quotidianità in cui il denaro non era protagonista.

Soldi, un tempo, nelle cascine ne giravano pochi e ne servivano pochi. Spesso si retribuivano con prodotti alimentari anche i lavoratori stagionali e si usava lo scambio con il vicinato per tutto quanto serviva. Il cibo che non era prodotto sulla propria terra e si poteva avere solo acquistandolo… non si acquistava. Spesso anche i medici o altri professionisti erano pagati con prodotti agricoli. Ricordate i capponi che, nei *Promessi sposi* (1827), Renzo porta all'avvocato Azzeccagarbugli per provare a salvare il matrimonio? Ebbene, il romanzo è ambientato nel Seicento, ma tre secoli dopo l'usanza era ancora molto praticata. Il denaro lo usavano i ricchi, i contadini pagavano "in natura". I soldi (provenienti dalla vendita di quello che si produceva con maggiore abbondanza rispetto ai bisogni della famiglia: uva, grano, patate, frutta...) servivano per le cose che proprio si dovevano acquistare: i vestiti (stoffa, qualche volta il sarto), i libri di scuola per i ragazzi, le scarpe… Ma erano eventi rari.

Nuto Revelli (1919-2004) ha tracciato in alcuni dei suoi libri un fedele ritratto dell'Italia contadina della prima metà del Novecento, utilizzando senza filtrarle le parole con cui quell'Italia raccontava le memorie dei tempi passati e la descrizione dei presenti. Lui raccoglieva ogni frase, consapevole di aggiungere pietre preziose a un tesoro che non doveva andare perduto. In *Il mondo dei vinti* (1977) troviamo anche le parole di Giovan Battista Giraudo, classe 1893:

> «Mio nonno aveva il forno, e tutti i sabati la gente portava le "ule" a cuocere, le òlle con i fagioli e le patate dentro. La gente pagava un soldo per la cottura. Chi non aveva il soldo pagava con "na casülà", con un mestolo di fagioli e patate cotte. Mio nonno aveva un secchio. Prendeva la "casülà" dall'òlla, la buttava dentro al secchio. Con quella roba la famiglia di mio nonno mangiava poi per l'intera settimana».

Wendell Berry, nel saggio *Il compito della cultura locale* (1988), racconta di una conversazione avuta con un amico più anziano che ricordava come erano soliti, ai suoi tempi, far visita ai vicini e passare la serata raccontando storie. Questo tipo di atmosfera è ricreata anche nel già citato racconto *La leggenda di Sleepy Hollow*, ambientato negli Stati Uniti rurali dell'Ottocento, dove anche il maestro Crane riceve un salario quasi simbolico ma viene ospitato a turno dai genitori dei suoi allievi, che gli garantiscono vitto e alloggio. L'amico di Berry, a conclusione del suo ricordo, dice: «Avevamo tutto tranne i soldi».

> «Erano poveri – commenta Berry –, come spesso lo è stata la gente di campagna, ma avevano gli altri, avevano la loro

economia locale in cui si aiutavano reciprocamente, avevano il conforto degli altri quando era necessario e avevano le proprie storie e la storia comune in quel luogo. Avere tutto tranne il denaro significa avere molto».

Non era ancora entrata la pubblicità a creare bisogni e sensi di inadeguatezza. La macchina industriale non girava ancora a pieno ritmo. Ma soprattutto era ancora molto chiaro un concetto che oggi percepiamo in modo confuso: la vita non si accumula, ciò che serve per vivere va gestito in un regime di scambio, di dono, perché il suo accumulo non avrebbe senso.

Uno degli stratagemmi per risollevare le sorti del mondo agricolo (vale la pena di evidenziarlo perché è controintuitivo) ebbe come conseguenza l'introduzione in quel mondo della dipendenza dal denaro (oltre che dai carburanti fossili, dalla chimica di sintesi, dalla meccanizzazione "spinta", come era nelle intenzioni di Mansholt): fu l'abbassamento dei prezzi delle derrate agricole.

Scrive Massimo Riva introducendo l'intervista a Mansholt:

«Prodotto per prodotto, la Comunità ha decretato dei prezzi minimi di intervento. Ma alla lunga questa politica si è rivelata pericolosa e inefficiente. Fissando un prezzo troppo basso, si condannava alla fame la massa dei piccoli coltivatori, stabilendo una cifra più alta si spingevano le aziende più grandi o meglio organizzate a dilatare la produzione».

È una banale concatenazione di eventi: se quello che produci rende meno, devi produrne di più. Se non hai terra e mezzi meccanici per produrre di più, cedi la tua terra a chi ha i capitali per comprarla e metterla a reddito. La produzione sarà sempre più centralizzata e avrà bisogno di agricoltori sempre meno competenti rispetto ai cicli completi di produzione: quanto Marx scrive sulla divisione del lavoro (e la prima grande divisione del lavoro, osservava, è iniziata con la separazione tra città e campagna) vale anche per il settore agricolo:

> «La centralizzazione dei capitali determina una maggior divisione del lavoro e una maggior applicazione delle macchine. La maggior divisione del lavoro distrugge la specializzazione del lavoro, distrugge l'abilità particolare del lavoratore e sostituendo a questa un lavoro che ciascuno può compiere aumenta la concorrenza tra gli operai».

Solo che, in agricoltura, questo succede mentre il vero capitale della produzione agricola – la fertilità del suolo – si depaupera per via dell'uso scriteriato della chimica e della meccanizzazione.

L'avvento dei concimi chimici ha determinato (causato? facilitato? accelerato?) la separazione dell'agricoltura dall'allevamento degli animali, ciò che secondo Howard è l'inizio di ogni male e che in effetti dà origine a una serie di guai: i nutrienti prodotti negli allevamenti intensivi (tanti capi medicalizzati e poca terra) diventano rifiuti speciali che vanno a inquinare le falde e le acque di superficie di nitrati e di fosfati (questi ultimi sono soprattutto una specialità di polli e galline). Intanto dove c'è agricoltura ma non allevamento si compra il nitrato di ammonio (o di calcio, o l'urea) in sacchi, e quando se ne mette troppo si inquinano nuovamente le falde di nitrati. In entrambi i casi, inoltre, con una concimazione azotata irrazionale ed eccessiva parte dell'azoto si perde nell'atmosfera come azoto elementare (e fin qui poco male) oppure come ossido di azoto, un potente gas serra.

Riferendosi alla produzione industriale Schumacher scrive che ci illudiamo di aver risolto il problema solo perché siamo incapaci di distinguere tra rendita e capitale

> «proprio là dove tale distinzione è più importante. Qualsiasi economista, ogni uomo d'affari conosce bene la differenza, e ne tiene conto con cura e acume notevoli in tutte le questioni economiche, tranne là dove è più rilevante; mi riferisco precisamente al capitale insostituibile che l'uomo non ha prodotto, ma semplicemente trovato e senza cui nulla può fare. Per un uomo d'affari, un'azienda che consuma rapidamente il capitale non ha certo risolto i propri problemi produttivi né ha conseguito vitalità. (...) Molto più vasto del capitale che viene dall'uomo è quello che viene dalla natura; e noi neppure vogliamo riconoscerlo».

Abbiamo distorto – concentrandoci sul denaro – sia l'idea di prodotto sia l'idea di lavoro. Quando le relazioni di comunità facevano sostanzialmente a meno del denaro, il valore degli oggetti e dei prodotti si basava sulla loro utilità riferita a un determinato contesto. Se invece tutto ha un prezzo, il valore di un prodotto consisterà nel suo valore di scambio, ma allora ci deve essere un mercato e il parametro deve essere il denaro. Se ho fame e mi offri una mela e tu hai sete e ti offro dell'acqua, ci siamo aiutati scambiandoci oggetti con un valore d'uso. Se in cambio della mela, in quel contesto, ti do dei soldi, non risolverò il tuo problema della sete. Avrai bisogno che ci sia un mercato, dove potrai andare ad acquistare dell'acqua.

Allo stesso modo abbiamo creato una cosa che non era mai esistita prima: il lavoro per il lavoro, che passa sopra alle istanze dell'utilità, della salute, della costruzione di benessere collettivo, ed è regolato – comandato – dal profitto. Non solo si avvelenano intere comunità per generazioni con prodotti e processi nocivi chiedendo alle persone di scegliere tra la salute e la disoccupazione, ma per di più (per prepotenza) si sbeffeggiano quanti sostengono che la cura dell'ambiente e la produzione di energie rinnovabili sono in grado di creare molti posti di lavoro, che produrranno salute e benessere collettivo.

Perché questo atteggiamento apparentemente illogico?

Perché se si fa agricoltura, o produzione di energia rinnovabile, tutelando al tempo stesso il territorio e le sue risorse (tutte: dall'acqua alla salute, alla cultura) è molto difficile arricchirsi velocemente e spropositatamente. Perché spesso per lavorare in quel modo e in quei settori occorre un intervento virtuoso del denaro pubblico. Se scorrete le classifiche delle persone più ricche del mondo non trovate nessuno che – nemmeno in termini di impresa – faccia l'agricoltore con quelle caratteristiche, o che presidi un territorio, o che non abbia bisogno di petrolio o di terre rare.

Cavalieri del lavoro o parassiti?

Schumacher si riferiva alle risorse naturali nel loro complesso e ai combustibili fossili in particolare, ma il ragionamento si applica anche alla salute dell'ambiente, alla fertilità del suolo e quindi all'agricoltura. D'altronde più di tre decenni prima Howard aveva scritto:

> «L'humus fresco è forse il bene più prezioso dell'agricoltore e deve essere pertanto trattato come se fosse vero e proprio denaro».

> «L'intima logica del capitalismo – scriverà poi Laura Conti – confligge ormai apertamente con i limiti naturali che l'agricoltura non può valicare». Lo diceva più di quarant'anni fa, e durante questi quattro decenni quei limiti abbiamo continuato a ignorarli.

Il reddito si spende, il capitale si protegge, si migliora, si *fa durare (to sustain).* Chi sperpera il capitale, anziché ricavarne reddito in modo saggio, viene chiamato, in ogni settore, parassita.

Va detto che, in ogni settore, i parassiti di solito non se la cavano male, se non sono così sensibili da preoccuparsi della cattiva reputazione. Anche questa, comunque, li accompagnerà solo in alcuni ambiti, mentre in altri saranno acclamati come persone dalle non comuni capacità. Lo sottolineava Giorgio Caproni (1912-1990) in una poesia del 1988 dal titolo *Versicoli quasi ecologici*:

Non uccidete il mare,
la libellula, il vento.
Non soffocate il lamento
(il canto!) del lamantino.
Il galagone, il pino:
anche di questo è fatto
l'uomo. E chi per profitto vile
fulmina un pesce, un fiume,
non fatelo cavaliere
del lavoro. L'amore
finisce dove finisce l'erba
e l'acqua muore. Dove
sparendo la foresta
e l'aria verde, chi resta
sospira nel sempre più vasto
paese guasto: "Come
potrebbe tornare a esser bella,
scomparso l'uomo, la terra".

Esatto, chiamatelo parassita, non cavaliere del lavoro.

In ogni caso, se la cavano molto peggio coloro che sul reddito che quel capitale può fornire contavano per sopravvivere. Se glielo distruggiamo – magari dicendo che i prezzi dei prodotti li dobbiamo abbassare (grazie all'industrializzazione) proprio per far sì che loro li possano comprare – semplicemente li uccidiamo.

Ecco, quindi, a chi serve l'ecologia: ai poveri, proprio come diceva Alex Langer.

Prima di lui Laura Conti, con un ottimismo che oggi facciamo fatica a condividere, aveva scritto:

> «La lotta contro chi compromette la natura (la vita della specie e delle specie) deve trovare il suo protagonista nella società: cioè in una classe sociale; e non può trovarla se non in quella classe sociale che si contrappone al capitale in quanto ne è sfruttata, cioè la classe lavoratrice. Protagonista in ragione di un fatto sociale, lo sfruttamento che subisce, la classe lavoratrice potrà trovare vaste alleanze in ragione del fatto che la sua lotta difende gli interessi non solo suoi propri ma della specie, cioè dell'umanità come appartenente alla dimensione del naturale».

Non è dai ricchi, dai privilegiati, che ha senso attendersi la difesa dell'ambiente. A loro non serve, non nell'immediato almeno. Forse sta qui un pezzo della risposta alla domanda sul perché solitamente i partiti conservatori, e più in generale le destre, non hanno le istanze ecologiche tra le loro priorità: lo status quo, la conservazione del paradigma industriale vigente sono le stelle polari di chi non paga i costi del cosiddetto progresso ma ne gode i benefici, semmai ritirandosi, scrive Langer, in «ville e parchi meno inquinati».

D'altronde, se invece guardiamo ai partiti nati per difendere i diritti dei lavoratori, non ci sembra che le parole di Laura Conti, che pure è stata parlamentare del Pci per una legislatura (1987-1992), abbiano fatto scuola. Anche la politica delle sinistre, per troppo tempo e in quasi tutta Europa, si è allineata in modo riduzionista a un'idea di economia e di giustizia sociale completamente sganciata dall'idea di natura: il serbatoio dei voti stava nelle fabbriche e la maggior parte delle rivendicazioni riguardava dunque le questioni salariali o di sicurezza sul lavoro.

Servirsi con discrezione

Quella che oggi ci sembra un'ovvietà (lo sembra? a tutti noi?), e cioè che proprio chi ha meno mezzi debba vivere in un ambiente che ne preservi la salute, giacché è con la salute del proprio corpo che i meno abbienti si procurano un reddito, non ha attraversato i radar della sinistra dei Paesi industrializzati per un paio di secoli almeno. E anche quando, per quanto in forma lieve e laterale, il pensiero si è manifestato, non è mai stato raccolto pienamente al punto da farlo diventare un'istanza – di lotta o di governo che fosse.

Inoltre, se i poveri dei Paesi ricchi possono, a determinate condizioni (prime fra tutte l'adeguata informazione e la costruzione di una cultura ecologica diffusa, ma su questo torneremo), rivendicare autonomamente l'importanza dell'ecologia, lo stesso non vale per i poveri dei Paesi poveri, la cui esistenza in vita letteralmente riposa sulla possibilità di disporre di un ambiente naturale in equilibrio. Quelli che, finché la situazione ecologica è in equilibrio, possono, nei loro luoghi, fare gli agricoltori, o i pastori, o i pescatori, e su questo regolare la vita e il mantenimento delle proprie famiglie. Quelli che vivono su un'isola, pescando quando è necessario, ma che devono andarsene se il livello del mare si alza anche di pochi millimetri. Se devono andar via, finiscono nelle baraccopoli delle capitali delle loro nazioni: luoghi a loro completamente estranei, di cui non parlano la lingua (e dove nessuno comprende la loro lingua nativa), nei quali diventano improvvisamente "disoccupati", stranieri, analfabeti, mentre poco prima facevano parte di comunità coese e di un'economia locale dei cui vantaggi godevano tutti, perché tutti sapevano, con un'espressione di Giono che dovrebbe diventare il mantra quotidiano di tutto il Pianeta, «servirsi con discrezione».

Il tema della giusta misura, della bontà del sufficiente e della malvagità del superfluo, del non fare mai tutto quello che si può fare, del non spingersi a occupare i margini, del non depredare la terra, del non pensare di eliminare completamente gli elementi (insetti, erbacce) che ci possono recare disturbo, è ricorrente in tutta la letteratura a tema ambientale che ci sta accompagnando in questi ragionamenti. Perché tutto ciò che c'è in natura ha un senso, perché tutto (anche gli insetti e le erbacce) è il cibo di qualcuno, perché siamo parte di quello stesso senso e dobbiamo restare in equilibrio, anche perché ci sono cose che non sappiamo, che non abbiamo capito e non possiamo prevedere, sia perché non sappiamo ancora farlo, sia perché non evolvono in modi completamente prevedibili. Rachel Carson scrive:

> «La vita è un miracolo che va oltre i limiti della comprensione umana ed esige rispetto anche quando ci troviamo costretti a combattere contro di essa. (...) Il ricorso ad armi quali gli insetticidi, per controllarla, costituisce una prova dell'insufficienza delle nostre cognizioni e dell'incapacità di regolare i processi naturali in modo da rendere superflua la forza bruta. Onde la necessità di essere modesti; ogni presunzione appare fuor di luogo».

Perché è vero quel che diceva Elinor Ostrom, le comunità sanno conservare saggiamente le proprie risorse naturali (e «la scienza economica – aveva detto Schumacher – dovrebbe essere un ramo della saggezza»): ma se immaginiamo la comunità composta da tutta l'umanità che, distribuita sul globo, si serve delle medesime risorse, allora se la modalità "comunità" non è inserita dappertutto e da chiunque, qualunque sia il suo mestiere (industriale, politico, agricoltore), insomma se qualcuno continua a «servirsi con discrezione» e qualcun altro no, ovviamente chi ci va di mezzo malamente, in prima battuta, è chi è stato più discreto, o più timido.

La modestia, la "timidezza" dei poveri va valutata, perché potrebbe insegnare qualcosa ai ricchi:

> «(...) la timidezza ha accompagnato tutta la mia vita – si legge in *Lettera a una professoressa* –. Da ragazzo non alzavo gli occhi da terra. Strisciavo alle pareti per non esser visto. Dapprincipio pensavo che fosse una malattia mia o al massimo della mia famiglia. La mamma è di quelle che si intimidiscono davanti a un modulo di telegramma. Il babbo osserva e ascolta, ma non parla. Più tardi ho creduto che la timidezza fosse il male dei montanari. I contadini del piano mi parevano sicuri di sé. Gli operai poi non se ne parla. Ora ho visto che gli operai lasciano ai figli di papà tutti i posti di responsabilità nei partiti e tutti i seggi in parlamento. Dunque son come noi. E la timidezza dei poveri è un mistero più antico. Non glielo so spiegare io che ci son dentro. Forse non è viltà né eroismo. È solo mancanza di prepotenza».

Anche attraverso le mode trattiamo con prepotenza camuffata la modestia che non abbiamo più ma che probabilmente un po' continua ad affascinarci. Imitiamo, ma per ciò stesso deridiamo, i comportamenti saggi della parsimonia. Compriamo jeans già lisi, o strappati, o rattoppati senza grazia, anzi rendendo il rattoppo quanto più visibile; nelle vetrine dei negozi di scarpe ci sono scarpe nuovissime che recano l'imitazione di finti segni d'usura; acquistiamo maglioni con toppe nuove su maniche integre, tazze spaiate, e persino nell'arredamento ci propongono con un nome nuovo, *shabby*, mobili nuovi travestiti da vecchi, con vernici finto-scrostate. E per non perdere nessuna occasione di protervia, tutto questo viene venduto in negozi che attraggono i clienti lasciando spalancate le porte, d'inverno con riscaldamenti al massimo, d'estate con condizionatori al massimo. Siamo sicuri che siano solo le vendite on line e i loro corrieri i nemici dell'ambiente?

Se sei povero non puoi scappare

Al mondo industrializzato la prepotenza che manca ai poveri non ha mai fatto difetto. Ora che tanti poveri devono spostarsi nella sua area di competenza, si affanna a marcare il territorio, esibendo un tipo nuovo di arroganza, fatto di leggi, decreti e distinguo che hanno come nemico principale proprio i poveri. Se vieni via dal tuo Paese perché c'è una guerra, o una dittatura, possiamo parlarne (e in ogni caso mi riservo di continuare a vendere armi per quella guerra e a fare accordi col dittatore). Ma se lo fai solo perché sei povero, niente da fare, là devi tornare. La povertà ti reclama, e noi ti rispediamo da lei, le appartieni. I migranti economici non li vogliamo. Decidiamo noi se possono spostarsi o no, noi che oggi di spostarci non abbiamo più bisogno, al massimo lo facciamo per scelta. Ricorda papa Francesco in *Laudato si'*:

> «È tragico l'aumento dei migranti che fuggono la miseria aggravata dal degrado ambientale, i quali non sono riconosciuti come rifugiati nelle convenzioni internazionali e portano il peso della propria vita abbandonata senza alcuna tutela normativa. (...) La mancanza di reazioni di fronte a questi drammi dei nostri fratelli e sorelle è un segno della perdita di quel senso di responsabilità per i nostri simili su cui si fonda ogni società civile».

Prepotenza, non è altro. Potremmo fare leggi a tutela di chi sta peggio di noi, ne abbiamo il potere, ne siamo capaci. Ma possiamo infischiarcene e scegliamo questa strada. Potremmo lavorare, viaggiare, produrre e comprare senza creare le condizioni della disfatta totale di chi ha meno mezzi. Ma possiamo non farlo e dunque continuiamo a non farlo per evitare che il nostro profitto cali un poco o che il nostro stile di vita si modifichi un poco.

Al limite, nel caso in cui una pandemia stravolga il nostro stile di vita e minacci da vicino i nostri profitti (non tutti ovviamente, alcuni sono irrimediabilmente al sicuro e dalle disgrazie globali possono uscirne non solo indenni ma in qualche misura rafforzati), troviamo il modo di iniettare denaro nel sistema. Anche questo ce lo aveva pazientemente spiegato Schumacher quasi cinquant'anni or sono:

> «Se la politica è sbagliata, il denaro non la renderà giusta; e se la politica è giusta, il denaro, di fatto, può non costituire un problema eccessivamente difficile».

Ma se dovessimo sceglierne una, di politica, per rimodellare le nostre società, il nostro modo di produrre, ragionare sulla prepotenza di pochi e sulla timidezza dei molti, da dove bisognerebbe iniziare? Gli autori che non abbiamo mai ascoltato non avevano dubbi: dall'istruzione.

6. Per una scuola dell'ecologia

«La guerra ai poveri si fa negando l'istruzione» dicevano i ragazzi di Barbiana, protestando contro una scuola che bocciava chi già era svantaggiato per varie ragioni (le scuole lontano da casa, le case in cui non c'erano libri e si parlava in dialetto, la minore possibilità di viaggiare...). Con la bocciatura dei più deboli, dicevano, la scuola diventa la prima fonte di ineguaglianza sociale, quando dovrebbe essere uno degli strumenti di realizzazione dell'uguaglianza prevista dalla Costituzione.

Di fatto la guerra ai poveri si va facendo in tanti modi, ma soprattutto danneggiando l'ambiente. Per danneggiare l'ambiente, tuttavia, è sufficiente negare – a tutti, non solo ai poveri e ai marginali, anzi, soprattutto a quelli che avranno modo di decidere le scelte produttive e di applicarle – l'istruzione in materia di ecologia.

Questa negazione può, a sua volta realizzarsi attraverso modalità differenti.

La prima maniera di negare istruzione in ambito ecologico è sminuire le sapienze tradizionali, escluderle dal circuito dell'educazione formale, confinarle – nella migliore delle ipotesi – nei musei degli attrezzi contadini o nelle rassegne di musica folk; non farne invece mai soggetto attivo di trasmissione di cultura e competenze.

Wendell Berry, lo abbiamo visto, spiega come la frammentazione generazionale delle comunità rurali interrompa l'evoluzione dei saperi, ovvero quell'accumulazione di competenze costantemente aggiornate, che è anche la strada verso una saggia innovazione, ma soprattutto quella capacità di leggere, vedere, interpretare i luoghi in modo capillare che sta alla base di ogni possibilità di produzione compatibile con le esigenze della natura. Se vai via dai luoghi che conosci, quello che sai difficilmente ti sarà utile altrove e non potrai trasmetterlo a nessuno; se arrivi in un posto che non conosci, là ricomincia il tuo apprendistato rispetto al vivente locale.

Le maestranze analfabete e violente che lavorarono alla costruzione delle strade nell'America dei coloni apparivano, agli occhi dei colti commentatori dell'epoca, irrimediabilmente rudi e ignoranti. Ma, osserva Berry, a quegli stessi occhi appariva parimenti ignorante l'Indiano d'America che invece

> «sapeva vivere nella campagna senza fare della violenza il criterio invariabile del suo rapporto con essa; anzi, dal punto di vista dell'ecologista o ambientalista, non commetteva nessuna violenza. Questo perché disponeva, al posto di quella che noi chiameremmo educazione, di una cultura pienamente integrata, il cui fondamento era un senso assai articolato di dipendenza dalla terra. Ritengo che lo stesso valesse in generale per i contadini di alcune antiche società agricole, in particolare in Oriente. Sulla base di una consapevolezza molto articolata si sentivano

parte della terra su cui e di cui vivevano, il che significa che la rispettavano e praticavano una rigorosa economia nell'usarla».

Una seconda maniera di negare istruzione sull'ecologia consiste nello sgretolare quelle competenze e quelle culture là dove sono. Questo ha fatto non solo il colonialismo di ogni epoca storica (inclusa la presente) e di ogni origine geografica, ma anche, a partire dagli anni Cinquanta, la cosiddetta Rivoluzione Verde, che a colpi di chimica di sintesi, meccanizzazione e parcellizzazione del lavoro - sempre più intensa, a misura che cresceva la dimensione delle aziende - ha generato una diversa tipologia di "lavoratore agricolo", per la verità molto più simile all'operaio della catena di montaggio che all'agricoltore.

Anche sulla Rivoluzione Verde ci sono stati precoci *caveat* inascoltati. In particolare di un visionario geografo americano il cui nome non viene ricordato nei libri di scuola, Carl Sauer (1889-1975). Già nel 1941, a proposito dei progetti della Fondazione Rockefeller sull'agricoltura messicana, Sauer[6] mise in guardia i promotori chiarendo che il passaggio a sementi ibride, chimica e meccanizzazione avrebbe avuto conseguenze devastanti sulla cultura, sull'economia e sulle risorse genetiche locali.

6. Queste informazioni sono tratte dal volume *Historia de la Agroecología en América Latina y España*, a cura di Miguel A. Altieri, 2017.

Cambiare la struttura portante del mondo agricolo, come abbiamo visto, eliminando le persone e la disponibilità di tempo, introducendo il denaro come misura di tutto e la tecnica «che smisura» tutto, non è stato solo una questione di modalità, non ha cambiato solo il "modo" di produrre, ma ha modificato nel profondo la sostanza culturale che caratterizzava il mondo contadino, senza peraltro dare in cambio le «magnifiche sorti e progressive» che erano state promesse e sulle quali già Giacomo Leopardi (1798-1837) in "La ginestra" (1836) aveva sollevato non poche perplessità, sia pure descrivendo un paesaggio agrario decisamente estremo.

Una volta messe in atto queste due efficacissime pratiche di distruzione culturale, si può procedere con la parte attiva, che consiste nell'allontanare sempre più la scuola dalla natura, dalla realtà dei campi, dal vivente in generale:

> «Se uno sfoglia un sussidiario – scrivono i ragazzi di Barbiana –, è tutto piante, animali, stagioni. Sembra che possa scriverlo soltanto un contadino. Invece gli autori escono dalla vostra scuola. Basta guardare le figure: contadini mancini, vanghe tonde, fabbri con gli arnesi dei romani, zappe a uncinetto, ciliegi con le foglie di susino».

Negli anni Sessanta e Settanta del Novecento qualche insegnante di buon senso faceva raccogliere ai ragazzi le foglie degli alberi da frutta per poi metterle a confronto incollate su un cartellone e imparare a distinguerle; portava i ragazzi in visita a una stalla o faceva loro assaggiare la frutta di stagione perché accostassero nella memoria ogni mese ai suoi sapori e profumi. Dagli anni Ottanta in avanti il reticolo di burocrazia, normative e precauzioni si è talmente infittito che oggi, nelle scuole di molti Paesi "ricchi", non è consentito che un genitore prepari una torta di compleanno e la offra a tutta la classe. Niente da fare: portafoglio alla mano, a scuola si può consumare solo il prodotto di transazioni economiche, non il prodotto di tempo dedicato e sapienze familiari. Proprio oggi che le classi potrebbero beneficiare dell'interculturalità che le caratterizza, tutti sono obbligati a fare festa (e vedremo come la festa sia un momento culturale salvifico) con i medesimi prodotti industriali o comunque acquistati nei medesimi negozi.

Così sono cresciute generazioni di cittadini, futuri professionisti anche del settore ambientale, e non meno raramente anche attivisti del medesimo settore, che non distinguono un platano da un tiglio, o sono rimasti convinti fino all'età adulta che i pomodori crescessero su alberi ad alto fusto. (Non sto inventando, riporto con fedeltà selezionando gli episodi meno incredibili). Quelle generazioni di cittadini erano e sono anche generazioni di elettori e non si sono meravigliati – forse nemmeno accorti – che i politici che chiedevano loro il voto avevano spazzato via dal proprio orizzonte tutti i temi ambientali. D'altronde, probabilmente avevano frequentato le stesse scuole.

Schumacher, a proposito dei Paesi in via sviluppo, individua in elementi immateriali le cause della povertà.

È un ragionamento al quale non siamo abituati. Quando descriviamo i poveri tendiamo a descriverli come persone che non hanno cose: una casa, denaro, cibo. Ai poveri, solitamente, si donano oggetti. E invece:

> «Le cause primarie dell'estrema povertà sono immateriali e hanno origine da carenze di istruzione, organizzazione e disciplina. Lo sviluppo non comincia con i beni: comincia con le persone, con la loro istruzione, organizzazione e disciplina. Senza queste ultime tre, tutte le risorse restano latenti, inutilizzate, atrofizzate. Esistono società prospere che dispongono di una base minima di ricchezze naturali, e nel dopoguerra abbiamo avuto moltissime occasioni per osservare il primato dei fattori invisibili. Ogni Paese, per quanto devastato, che aveva un elevato livello di istruzione, organizzazione e disciplina, ha prodotto un "miracolo economico". Di fatto si tratta di miracoli solo per coloro che concentrano l'attenzione sulla punta dell'iceberg. La cima era stata fatta a pezzi, ma la base, fatta di istruzione, organizzazione e disciplina, c'era ancora. (...) Ecco la ragione per cui lo sviluppo non può essere un atto di creazione, e non può essere ordinato, comprato, pianificato in modo esauriente: perché esige un processo di evoluzione».

Proviamo a chiedercelo, in quest'era post-Covid che così spesso viene maldestramente paragonata a un dopoguerra. I nostri Paesi industrializzati, gli stessi di quel miracolo economico, hanno ancora sufficienti riserve di istruzione, organizzazione e disciplina? Oppure, prima di allungare le mani sui fondi che si stanno rendendo disponibili, sarebbe opportuno rimpolpare quei tre specialissimi capitali?

Nessuna delle tre risorse immateriali *facit saltus*, proprio come Leibniz (1646-1716) diceva a proposito della Natura (lo diceva, per la verità, un po' a sproposito, ma la frase si rivelò molto utile e corretta in seguito, e gli evoluzionisti se la trovarono bell'e pronta):

> «L'educazione non va a salti – continua Schumacher –; è un processo graduale di grande sottigliezza. L'organizzazione non va a salti: deve evolversi gradualmente per adattarsi al mutare delle circostanze. E lo stesso dicasi per la disciplina. Tutte e tre devono evolversi passo a passo e il principale compito di una politica di sviluppo deve essere quello di accelerare questo progresso. Tutte e tre devono appartenere non solo a una piccola minoranza, ma alla società intera».

Così, sempre in *Piccolo è bello*, si arriva all'unica conclusione possibile:

> «Da tutto ciò consegue che lo sviluppo non è, in primo luogo, un problema per economisti, tanto meno per economisti la cui competenza si fonda su una filosofia rozzamente materialistica».

Bisogna, dice Schumacher, prendere «sul serio la povertà» invece di trastullarsi con assiomi che sentenziano che quello che fa bene al ricco farà bene anche al povero, anzi a tutta la società. Quante volte e in quante versioni diverse lo abbiamo sentito e continuiamo a sentirlo? Anche quando continuare a trarre profitto da determinate attività significa mettere in pericolo la salute degli abitanti di intere città o la sopravvivenza di vaste aree naturalistiche, la risposta è ancora che quello che fa bene al capitale, all'impresa, al progresso materiale fa bene a tutti.

Invece no. Quello che si deve fare, con tutti, è la cura:

> «Perché prendersi cura di tutti? – conclude Schumacher –. Perché le persone costituiscono la prima e ultima fonte di ogni ricchezza».

Il bene o l'utile?

Siamo arrivati dove si arriva spesso ragionando di un considerevole numero di argomenti: a Immanuel Kant (1724-1804). Che dovrebbe essere insegnato nelle scuole (anche in quelle in cui non si studia filosofia) come modello ideale di intellettuale. Fu per tutta la vita un affascinante insegnante, che comprendeva nelle sue lezioni una quantità di autori e di soggetti. Questi i ricordi di un suo studente, Johann Herder (1744-1803), che a sua volta sarebbe diventato un illustre filosofo:

> «Con lo stesso spirito con cui esaminava Leibniz, Wolff, Baumgarten, Crusius e Hume, e seguiva le leggi naturali di Newton, di Keplero e dei fisici, accoglieva anche gli scritti allora apparsi di Rousseau, *L'Emilio* e *La Nuova Eloisa*,

come ogni scoperta naturale di cui ricevesse notizia, la apprezzava e la riconduceva sempre alla conoscenza imparziale della natura ed al valore morale dell'uomo[7]».

Nel 1788 - mentre un pessimo raccolto in Francia esasperava gli animi dei cittadini già messi alla prova dalla crisi economica e riduceva i salariati sul lastrico, iniziando a formare la goccia che l'anno successivo avrebbe fatto traboccare il vaso della Rivoluzione la quale avrebbe traghettato il pianeta dall'età moderna all'età contemporanea - Kant pubblica *La Critica della ragion pratica*. È un libro relativamente breve ma piuttosto denso, nel quale l'autore descrive la "forma" della moralità, cioè come devono essere le azioni dell'uomo per potersi definire morali. Kant parla di principi, non di precetti. Vuole descrivere la logica (la ragione) dell'azione morale e la mette giù abbastanza dura. La famosa citazione:

> «Due cose riempiono l'animo di ammirazione e di venerazione sempre nuova e crescente, quanto più spesso e più a lungo la riflessione si occupa di esse: "il cielo stellato sopra di me, e la legge morale in me"».

al di là dell'apparente leggerezza significa: ci sono solo due cose che sappiamo di sicuro, ci sono le stelle in cielo e c'è una legge morale in noi. Ovvero: noi sappiamo che cosa è il bene. La legge morale è dentro di noi e la

7. Citato da Sofia Vanni Rovighi in *Introduzione allo studio di Kant*, 1968.

percepiamo con la stessa certezza e la stessa meraviglia con cui percepiamo il cielo stellato. Anche se le sollecitazioni esterne gridano forte, come quelle che ci indicano la via per raggiungere un obiettivo o la felicità, esse possono solo suggerire. Quello che Kant invece chiama «l'imperativo categorico» è vero che sussurra soltanto, ma dà ordini. Nell'ambito di questa consapevolezza di che cosa è il bene, come dobbiamo comportarci con i nostri simili? Come riconosciamo la moralità delle nostre azioni? Due regoline facili facili:

> «Opera in modo che la massima della tua volontà possa sempre valere, in ogni tempo come principio di una legislazione universale»;

> «(...) nell'ordine dei fini, l'uomo (e con lui ogni essere razionale) sia "fine in se stesso", cioè non possa mai essere adoperato da qualcuno (neppure da Dio) esclusivamente come mezzo, senz'essere al tempo stesso anche fine (...)»;

e una un po' meno facile:

> «L'essenziale di ogni valore morale delle azioni dipende da questo: che la legge morale determini immediatamente la volontà. Se la determinazione della volontà avviene bensì conformemente alla legge morale ma solo mediante un sentimento di qualunque specie, che si deve presupporre perché diventi un motivo determinante sufficiente della volontà; se quindi l'azione non avviene per la legge, l'azione conterrà bensì la legalità, ma non la moralità».

Tradotto: 1) Quando ti passa per la testa di fare qualcosa, prova a pensare a cosa succederebbe se lo facessero tutti, per via di un principio naturale. L'idea ti piace? O, se lo fanno anche gli altri, tutti gli altri – presenti e futuri, vicini e lontani –, diventa un disastro? Scegliete voi un esempio, abbiamo solo l'imbarazzo della scelta: a me viene in mente l'evasione fiscale. Gli evasori possono andare in ospedale quando stanno male, viaggiare su strade asfaltate, mandare i figli a scuola solo perché qualcun altro le tasse le paga. Non pagare le tasse è, dunque, immorale. 2) Le persone non si usano, mai. Non può farlo nemmeno dio. Come ha detto Schumacher, sono la prima e ultima fonte di ogni ricchezza. E le fonti di ricchezze vanno protette, curate. Sono il fine, mai il mezzo. 3) Il bene si fa d'istinto – immediatamente –, seguendo quel comando sussurrato: senza mediare, senza avere un motivo, che sia un obiettivo o la felicità, ma solo per il fatto che è bene; se non agisci così, quella medesima azione resta positiva, legale, encomiabile, ma non morale. Tra san Francesco, che si spoglia di tutti i suoi beni e li regala ai poveri, e Bill Gates, che pianifica donazioni fiscalmente deducibili, c'è una differenza sostanziale. La moralità non media, e non si porta in detrazione.

Perché questa lunga digressione su Kant? Perché, invece, la logica del profitto ha introdotto nel nostro modo di pensare, di rapportarci agli altri e di disegnare i percorsi scolastici una categoria che contraddice tutte le regole di Kant: quella dell'utilità, e dunque dell'inutilità.

La Legge del ritorno di Howard, di cui abbiamo parlato, ci dice anche, quasi un corollario, che in natura nulla è inutile. La natura procede per cicli chiusi, come spiega bene Barry Commoner in *Il cerchio da chiudere*: l'acqua, l'ossigeno, l'azoto sono tutte produzioni a ciclo chiuso. La natura non conosce né produce rifiuti. Nulla è inutile. Ma questa regola ecologica, che Commoner formula come «Ogni cosa deve finire da qualche parte», diventa il nostro incubo, sia ecologicamente, perché introduciamo nell'ambiente sostanze che la natura non ha previsto e dunque non ha nemmeno previsto l'enzima per degradarle, come scriveva Laura Conti, sia perché, modificando il nostro assetto sociale in modo innaturale, ci ritroviamo anche con interi gruppi di persone di cui non sappiamo cosa fare.

Rudolf Steiner (1861-1925) è stato un intellettuale e pedagogo austriaco, oltre a porre le basi di quella che si è poi sviluppata come agricoltura biodinamica. Uno dei punti nodali della sua riflessione riguarda il fatto che i viventi tendono a prosperare quando cooperano, non quando si pongono in condizioni di antagonismo. Vale per i microrganismi ma anche per le persone. In una conferenza tenuta a Berlino nel 1905 su questa tematica Steiner diceva:

> «È atto di fede di molti economisti e sociologi che l'uomo possa servire al meglio i suoi simili quando ricavi dalla vita quanto più gli sia possibile in termini economici, perché se egli diventa economicamente forte, può servire meglio la comunità».

Ne abbiamo parlato poco fa, l'idea è che se qualcuno si arricchisce bisogna esserne tutti contenti, anche chi fa la fame.

Con un'inversione della realtà molto efficace, Enzo Iannacci (1935-2013) in *Ho visto un re*, testo di Dario Fo (1926-2016, Nobel per la letteratura 1997), cantava di tutta una gerarchia di privilegiati, dal re a scendere, che avendo dovuto cedere una piccola parte del loro enorme patrimonio piangono disperati. Al fondo c'è il contadino, al quale hanno portato via tutto il poco che aveva, inclusa la moglie e il figlio che è andato militare. Ma lui invece di piangere ride.

> «Il fatto è che noi villan
> Noi villan
> E sempre allegri bisogna stare
> Che il nostro piangere fa male al re
> Fa male al ricco e al cardinale
> Diventan tristi se noi piangiam».

La proprietà transitiva prende strade anomale: quel che fa bene ai ricchi deve far felici tutti, ma i ricchi si turbano se informati delle pene dei poveri.

> «D'altra parte – continua Steiner – sentiamo asserire sempre di nuovo che una persona non dovrebbe cadere nella routine, che dovrebbe sviluppare in tutte le direzioni le forze che sono in lui, che dovrebbe esprimersi liberamente, che dovrebbe portare a sviluppo ciò che giace nella sua interiorità e, così facendo, egli potrebbe

servire al meglio i suoi simili. (...) La visione del mondo scientifico-spirituale non disconosce la necessità di questa lotta per l'esistenza, soprattutto nella nostra epoca, ma tale visione del mondo è anche conscia che proprio oggi, quando tale lotta per l'esistenza produce le onde più potenti, il principio della fratellanza deve esser portato di nuovo più vicino alla nostra comprensione nel suo significato profondo».

Sono sempre molto rari i protagonisti della produzione industriale che cercano di tenere alta la bandiera della fratellanza. Da un paio di secoli, quando dobbiamo fare qualche esempio, citiamo non più di quattro o cinque nomi. La nostra contemporaneità non fa eccezione e anche questa volta non sembra che siano riusciti a "fare scuola", cioè a creare una corrente di imprenditori che intendano, sempre e comunque, pensare all'uomo come fine e mai come mezzo. L'uomo come fine non significa semplicemente "non sfruttare" i lavoratori: significa pensare al lavoro come momento di crescita ed espressione della persona, significa dire, con le parole di Adriano Olivetti (1901-1960), titolare dell'omonima azienda, in un discorso *Alle Spille d'Oro* (1954):

«Il mondo moderno deve accettare il primato dei valori spirituali se vuole che le gigantesche forze materiali alle quali esso sta rapidamente dando vita, non solo non lo travolgano, ma siano rese al servizio dell'uomo, del suo progresso, del suo operoso benessere».

L'economia che ha dominato, anche culturalmente, fin qui ha invece concentrato la sua attenzione sui vincenti, sugli "utili", sull'utile nel senso del guadagno. L'economia ha pervaso tutti gli spazi sociali (perché, aveva ragione Marx, il denaro è una relazione sociale) e ha modellato le relazioni sociali sui propri canoni. Tutto ciò che non è utile, come le persone troppo giovani o troppo vecchie per produrre profitto, o i disabili, gli ammalati, i poveri, tutti quelli che possono sopravvivere solo ed esclusivamente in una relazione esplicita di cooperazione e non di competizione, diventano un fardello per la società, e l'economia dell'utile, anche nell'ambito privilegiato di quanti sono considerati "utili", si basa sulla competizione e non sulla cooperazione, men che meno sulla fratellanza.

Tuttavia Wendell Berry, in uno scritto del 1988 dal titolo *Economia e piacere*, fa un'osservazione interessante:

> «L'ideale della competizione comporta sempre, anzi esige, che ogni comunità si divida in una classe di vincitori e una di perdenti. (...) i fautori dell'ideale della competizione non hanno mai saputo che cosa fare dei o per i perdenti. (...) È impossibile non accorgersi di quanto poco i fautori dell'ideale della competizione abbiano da dire sull'onestà, la virtù economica fondamentale; e meno ancora della comunità, della compassione e del mutuo soccorso. (...) È indubbio che ci sia piacere nella competizione. Impariamo fin da bambini che vincere è gradevole. Ma probabilmente cominciamo a crescere quando iniziamo a simpatizzare con il perdente, ossia a capire che la competizione com-

porta dei costi oltre che dei benefici. Forse qualche volta, come nei giochi più innocenti, i benefici sono tutti per il vincitore e i costi tutti per il perdente, ma quando la competizione è più seria, la posta in gioco è più alta e si usa più potere, sappiamo che il vincitore condivide i costi, a volte disastrosi. In guerra, ad esempio, anche il vincitore perde, il che vale anche per la nostra odierna economia: in una competizione economica senza limiti i vincitori sono perdenti; il fatto che possano sembrare vincenti è dovuto solo alla loro capacità provvisoria di scaricare i costi su altri o sulla natura».

Se cresce quando ci si concentra sui perdenti e si simpatizza con loro, probabilmente questa economia è molto immatura, oltre che sciatta. Teorizzare la competizione significa prevedere i perdenti: che fine fa poi quel pezzo della teoria? Perché non se ne occupa? I perdenti li lascia da parte, o se li vede è solo per infierire ulteriormente, siano i popoli del Sud del mondo o gli emarginati delle nostre città, i lavoratori senza diritti o i migranti senza identità. Qualche volta, un'unica persona può rientrare in tutte queste definizioni.

Oggi in tanti si pavoneggiano presentando iniziative e soluzioni cosiddette *win-win*, cioè situazioni in cui vincono tutti (gli imprenditori, i consumatori, i lavoratori, l'ambiente). Ammesso e non concesso che siano davvero così numerose come dicono i loro promotori, quand'è che iniziamo invece ad abbandonare le tantissime soluzioni in cui perdono tutti, incluso chi, nell'immediato, sembra vincere?

Là fuori succedono cose

La scuola di ecologia diventa centrale in questa prospettiva. Deve partire da dove siamo partiti noi con queste chiacchierate, cioè dall'osservazione della natura per arrivare alla comprensione dei processi produttivi. Quando hai a che fare con il vivente non lo puoi conoscere solo guardando le foto, sentendone parlare o leggendo. Devi andarlo a incontrare, lo devi guardare e vedere cosa fa, come si comporta, cosa lo fa star bene e cosa lo danneggia. Tutti quelli che hanno scoperto leggi importanti della natura non lo hanno fatto restando a casa a leggere: sono usciti fuori, perché è là che succedono cose. È fuori, nel cortile della scuola che transitano le farfalle, le api, le rondini. È là che cadono le foglie dell'ippocastano, è lì sotto che si può stare seduti a osservare il viavai delle formiche e a vedere come reagiscono riorganizzando il percorso, se mettiamo un sasso sul loro cammino. È nei campi che bisogna andare per vedere come stanno campi e agricoltori, così come bisogna salire sui pescherecci e provare a fare una notte insieme a chi pesca acciughe e vedere quanto dura, un'intera notte a far le gare con un tonno che le acciughe le fa scappare.

La scuola di ecologia si può anche fare al mercato, o nei boschi o in una cucina. Poi si può tornare in classe, o nelle aule universitarie, e, senza dimenticare nessuna delle parole di chi ha osservato e capito prima di noi, provare a descrivere quello che abbiamo osservato e capito. Provare a capire cosa c'entri con quello che stiamo studiando nelle altre materie, cosa c'entri con la nostra Facoltà di medicina, filosofia, lingue, turismo, design, storia, matematica. E capire che c'entra perché c'entriamo noi.

Noi – gli umani – siamo un pezzetto dell'ecosistema che studiamo. Non studiarlo, qualunque sia il nostro futuro mestiere, significa non porre rimedio alla cacciata dall'Eden, il momento in cui abbiamo perduto per sempre la capacità di fluire inconsapevolmente nella natura come fanno tutti gli organismi che nascono e muoiono. Noi, condannati (dall'evoluzione e dalla *Genesi*) alla consapevolezza, abbiamo ricevuto la possibilità di sbagliare: meno sappiamo della "nostra" natura e più probabilità avremo di fare errori, per i quali non saremo i soli viventi a pagare.

In diversi Paesi ci sono tentativi, sia pure ancora piuttosto esitanti nel complesso, per introdurre l'ecologia nei percorsi scolastici, almeno delle scuole dell'obbligo, in qualche caso fino alle superiori. L'ecologia, forse, è considerata al pari di una bella favola da raccontare ai bambini, o da usare per qualche sogno adolescenziale, quando gli ideali infiammano i cuori, ma poi, quando si comincia a fare sul serio, quando si studia per "prepararsi a entrare nel mondo del lavoro", fine dei giochi, basta chiacchiere.

Qualche anno però fa l'Unione Europea ha individuato una serie di capacità trasversali, dette anche *soft skills*, ovvero competenze morbide, per distinguerle da quelle "dure" (*hard skills*) che, invece, riguardano lo specifico settore di impiego. Ha invitato tutti gli Stati membri a disegnare un sistema educativo che consenta di accedere a queste competenze e mantenerle aggiornate. Questo l'elenco delle otto aree tematiche:

competenza alfabetica funzionale;
competenza multilinguistica;
competenza matematica e in scienze, tecnologie e ingegneria;
competenza digitale;
competenza personale, sociale e capacità di "imparare a imparare";
competenza in materia di cittadinanza;
competenza imprenditoriale;
competenza in consapevolezza ed espressione culturali.

L'ambito in cui molti fanno rientrare l'ecologia è denominato "cittadinanza", anche se ovviamente dovrebbe essere trattata anche nell'ambito scientifico e in quello imprenditoriale. Spiace, soprattutto, che non si sia esplicitato il fatto che l'ecologia in sé dovrebbe essere una competenza trasversale invece di dover fare le acrobazie per sdoganarla in qualche cattedra. Nelle Facoltà umanistiche si danno ormai di default esami di informatica, inglese, e qualche rudimento di diritto e di economia. L'ecologia ancora si deve mimetizzare in qualche modo.

Tuttavia è un inizio, e gli inizi vanno incoraggiati. Magari anche un po' spinti. Se occorre, a pedate. Comunque servono strumenti e formazione, che in questo momento non esistono, e non sempre la buona volontà degli insegnanti può supplire alla mancanza di mezzi e conoscenze.

Per chi avesse ancora dubbi, resta valido il monito dei ragazzi di Barbiana:

> «Un'altra materia che non fate e che io saprei è educazione civica. Qualche professore si difende dicendo che la insegna sottintesa dentro le altre materie. Se fosse vero sarebbe troppo bello. Allora se sa questo sistema, che è quello giusto, perché non fa tutte le materie così, in un edificio ben connesso, dove tutto si fonde e si ritrova? Dite piuttosto che è una materia che non conoscete. Lei il sindacato non sa bene cos'è. In casa di un operaio non ha mai cenato. Della vertenza dei trasporti pubblici non sa i termini. Sa solo che l'ingorgo del traffico ha disturbato la sua vita privata. Non ha mai studiato queste cose perché le fanno paura. Come le fa paura andare al fondo della geografia. Nel nostro libro c'era tutto fuorché la fame, i monopoli, i sistemi politici, il razzismo».

Per chi si studia?

Un'ultima considerazione sulla scuola, l'ecologia e i poveri riguarda i debiti verso la società. Chi studia, nei Paesi industrializzati e in qualche misura anche negli altri, presso qualunque istituzione, pubblica, privata o religiosa, lo fa, direttamente o indirettamente, grazie a una porzione più o meno consistente di denaro pubblico, che deriva dalle tasse e dal lavoro di tutti i cittadini.

È vero che chi va a scuola, anche alle scuole pubbliche, paga delle tasse, che però sicuramente non coprono il totale delle spese sostenute dall'istituzione scolastica. Anche nelle università private, le rette, pure di tutto rispetto, pagate dagli studenti non coprono che – nella migliore delle ipotesi – il 30% del bilancio. Il resto arriva da contributi pubblici (di solito minimi) e da sponsorizzazioni private. Ma quelle sponsorizzazioni derivano dai bilanci in attivo di aziende che si basano sul lavoro di altri cittadini e sul sostegno dello Stato, perlomeno per quanto riguarda una parte dei servizi che ricevono. Non esiste nulla che sia basato completamente sul capitale privato, perché nessun capitale è completamente privato. In quelle aziende, per esempio, lavorano a tutti i livelli persone (cioè capitali) che si sono formati nella scuola pubblica. Di completamente privato, solitamente, c'è solo l'utile. In più c'è il lavoro dei poveri che permette ai ricchi di studiare.

A questo punto, dobbiamo chiederci: chi studia, chi ha la fortuna, la testardaggine, il privilegio o la possibilità di studiare a chi deve dire grazie? A tutti, ma la maggior parte di questi tutti sono i meno abbienti.

Don Primo Mazzolari (1890-1959), sacerdote e sindacalista cristiano, partigiano e anticipatore di alcune delle questioni che oggi animano il dibattito interno alla Chiesa, in un suo scritto del 1943, *Rivoluzione cristiana*, cita il diario di un «autentico operaio»:

«Se tu hai potuto studiare, se oggi sei un chirurgo valente o un professore di fama, non è soltanto per la tua intelligenza o per la tua volontà, ma anche perché altri hanno lavorano per te: e gli altri siamo noi».

Scrivono i ragazzi di Barbiana:

«Gli studenti stanno studiando a spese sue [dell'operaio, *ndr*]. Ma loro non lo sanno o non lo vogliono sapere. Uno studente delle medie superiori costa ai poveri 289.000 lire l'anno. Il suo babbo ne spende in tasse scolastiche 9.800. Uno studente universitario costa ai poveri 368.000 lire l'anno. Il suo babbo ce ne mette 44.000. Un medico costa ai poveri complessivamente 4.586.000 lire. Il suo babbo ce ne mette 244.000. Poi, con quella laurea che gli hanno regalato i poveri, chiede ai poveri 1.500 lire per una visita di un quarto d'ora, sciopera contro la loro Mutua e è contrario alla medicina nazionalizzata di tipo inglese».

Considerazioni molto simili si trovano in *Piccolo è bello*:

«Mi pare che furono i Cinesi, prima della seconda guerra mondiale, che calcolarono che ci voleva il lavoro di 30 contadini per mantenere un uomo o una donna all'università. Se costui all'università seguiva un corso di cinque anni, alla fine avrebbe consumato 150 anni di lavoro contadino. Come si può giustificare? (...) cosa ne ricavano in cambio i contadini? Queste domande ci pongono un inquietante interrogativo: l'istruzione è un passaporto per il privilegio o è qualcosa che alcuni assumono su di sé quasi come un

> voto monastico, un impegno sacro a servire il popolo? (...) popolo che dopo tutto, direttamente o indirettamente, aveva pagato per [quella] educazione».

Se questa seconda opzione non prevale, anche il contenuto di quella istruzione non sarà quello che «giova al popolo».

> «La minoranza privilegiata (...) imparerà e insegnerà le cose sbagliate, vale a dire le cose che la distinguono realmente, con disgusto, per il lavoro manuale, per la produzione primaria, per la vita rurale, ecc.».

Provo a riassumere. I danni ambientali impattano prima e più duramente sui più poveri; per provare a uscire dalla crisi ambientale serve che tutti, compresi i poveri, abbiano un'istruzione adeguata in materia di ecologia; poiché i costi dell'istruzione sono sempre costi collettivi, non è pensabile che la scuola, di ogni ordine e grado, formi persone che contribuiranno a danneggiare l'ambiente o non parteciperanno alla soluzione della crisi ambientale, perché chi studia ha un debito con la società e in particolare con i poveri, che rappresentano la maggioranza della popolazione e che pagano due volte: non solo i costi dell'istruzione, anche quelli della crisi ambientale. Inoltre, le competenze in materia ecologica non possono svincolarsi da quelle relative all'agricoltura, alla qualità delle relazioni che la produzione alimentare deve necessariamente instaurare con le risorse naturali, alla cultura rurale e a uno dei suoi capisaldi, che analizzeremo nel prossimo capitolo: il lavoro.

7. Il lavoro tra mente e corpo

Il modo in cui il capitalismo ha considerato il lavoro è un groviglio di tali e tante contraddizioni che sicuramente non riusciremo a elencarle tutte, tanto meno a dipanarne alcuna in questa sede. Tuttavia, poiché è uno dei temi su cui la contrapposizione tra gli atteggiamenti orientati al profitto e quelli orientati alla cura appare inconciliabile, anche e soprattutto in termini economici, bisogna almeno provare a illustrare alcune questioni di fondo.

L'industrializzazione ha completamente stravolto la relazione degli esseri umani con il lavoro, ha stravolto l'idea stessa del lavoro, e dal momento che il lavoro è un elemento centrale nella definizione di noi stessi, lo stravolgimento si è ripercosso violentemente sulle persone, sulla qualità non solo della vita ma delle relazioni, dalla percezione di sé come elementi naturali che seguono i ritmi sonno-veglia, luce-buio, caldo-freddo, attività-riposo, produzione-riproduzione come tutti gli altri organismi viventi.

Nel 1760 Benjamin Franklin (1706-1790), scienziato e politico, tra i padri degli Stati Uniti d'America, scriveva:

> «Nessun uomo che possa essere proprietario di un pezzo di terra, sufficiente a fornire, mediante il suo lavoro, abbondanti mezzi di sussistenza alla sua famiglia, è abbastanza povero da far l'operaio, da lavorare per un padrone. Perciò, finché in America vi sarà terra sufficiente per il popolo, non vi potranno mai essere operai[8]».

Previsioni non millimetriche, ammettiamolo, ma interessanti proprio per la loro perentorietà: a metà del XVIII secolo, nel Nuovo Mondo, la superiorità qualitativa dell'agricoltore sull'operaio non era messa in discussione.

Circa due secoli più tardi il passo si era compiuto. Non solo chi non aveva terra aveva preferito il lavoro nell'industria spopolando le campagne di braccianti e di famiglie, ma anche molti di coloro che avevano alle spalle una solida tradizione agricola avevano preferito abbandonare i campi o venderli, o lasciarli alle cure minimali degli anziani e andare a lavorare in una fabbrica che offrisse riparo dagli imprevisti insieme a un diverso status sociale e psicologico, quello della persona di città e della modernità.

Nel 1955 Adriano Olivetti, nel discorso per l'apertura della sede di Pozzuoli, disegna un quadro della distribuzione della classe operaia (e dunque delle aziende) in Italia a dieci anni dalla fine della guerra:

> «L'uomo, strappato alla terra e alla natura dalla civiltà delle macchine, ha sofferto nel profondo del suo animo e non

8. Citato da H.E. Jacob in *I seimila anni del pane*, 1944.

sappiamo nemmeno quante e profonde incisioni, quante dolorose ferite, quanti irreparabili danni siano occorsi nel segreto del suo inconscio. Abbiamo lasciata, in poco più di una generazione, una millenaria civiltà di contadini e di pescatori. Per questa civiltà, che è ancora la civiltà presente nel Mezzogiorno, l'illuminazione di Dio era reale ed importante, la famiglia, gli amici, i parenti, i vicini, erano importanti, gli alberi, la terra, il sole, il mare, le stelle erano importanti. L'uomo operava con le sue mani, esercitando i suoi muscoli, traendo direttamente dalla terra e dal mare i mezzi di vita. Lo sconvolgimento di due guerre ha spinto l'uomo definitivamente verso l'industria e l'urbanesimo. Esso ha strappato il contadino alla terra e lo ha racchiuso nelle fabbriche, spinto non solo dall'indigenza e dalla miseria, ma dall'ansia di una cultura che una falsa civiltà aveva confinato nelle metropoli, negandola alle campagne del Sud. Nacque così il mondo operaio del Nord in cui la luce dello spirito appare talvolta attenuata, in cui la spinta per la conquista di beni materiali ha in qualche modo corrotto l'uomo vero, figlio di Dio, ricco del dono di amare la natura e la vita, che usava contemplare lo scintillio delle stelle e amava il verde degli alberi, amico delle rocce e delle onde, ove, tra silenzi e ritmi, le forze misteriose dello spirito penetrano nell'anima per la presenza di Dio. Abbiamo lottato e lotteremo sempre contro questo immenso pericolo; l'uomo del Sud ha abbandonato soltanto ieri la civiltà della terra: egli ha perciò in sé una immensa riserva di intenso calore umano. Questo calore umano l'emigrante meridionale lo ha portato e donato in tutti i paesi del mondo ed è un segno inconfondibile del contributo che l'Italia ha dato alle civiltà d'Oltreoceano fecondate con un sacrificio in gran parte misconosciuto».

La fabbrica, l'imperativo dell'accumulazione di denaro, l'esasperarsi dell'individualismo e la suddivisione del lavoro creano una frattura rispetto a una concezione che – sia pure con molte differenziazioni dovute a geografia, climi, religione, filosofia, gerarchie sociali, ordinamenti statali – per almeno diecimila anni si era mantenuta inalterata: il lavoro inteso come elemento connaturato all'essere umano, quello, come si diceva all'inizio di questo libro, che di fatto lo distingue – nel bene e nel male – dagli animali, i quali non hanno bisogno di "attrezzi" per sopravvivere.

Samuel Taylor Coleridge (1772-1834), poeta, filosofo, e "genitore 2", insieme a William Wordsworth, del Romanticismo inglese, criticando il modo in cui le visioni di Descartes e di Linneo avevano portato a sgretolare i poteri connettivi della conoscenza, trasformando la conoscenza della natura in una «pratica angusta di raccolta, classificazione e astrazione matematica», dice che questa filosofia della meccanica «colpisce a morte[9]». Se essa viene eletta, come è stato nell'era industriale, a faro di ogni organizzazione e decisione, prime fra tutte quelle riguardanti il lavoro, non può stupire che a essere "colpiti a morte", in tanti modi e sensi – inclusi quelli letterali, che ancora oggi popolano le nostre cronache –, siano proprio i lavoratori e, prima ancora, l'idea stessa di lavoro.

Nell'era preindustriale il lavoro aveva una sua unità intrinseca, e sottolineava l'unità della persona che

9. Citato da A. Wulf in *L'invenzione della natura*, 2017.

lo eseguiva: mente e corpo, in agricoltura, nella pesca e nell'artigianato, lavoravano in armonia e in accordo tra loro, e il prodotto di questa azione coordinata era completamente noto al suo artefice. In questo senso quel tipo di lavoro – che ancora esiste, resiste e in qualche misura sta rialzando la testa – era ed è un lavoro intellettuale. Quando Carlo Petrini, aprendo l'edizione 2010 del meeting di Terra Madre a Torino, definì i contadini «i più grandi intellettuali della terra», rese omaggio al lavoro nel senso più completo, quello che richiede fatica e sapienza, capacità di osservazione e di azione. In *Buono, pulito e giusto* (2005) aveva anticipato il concetto:

> «Gli uomini e le donne del pianeta svolgono attività produttive complesse, condizionate da secoli di cultura e di savoir faire, che sono rappresentazioni di diversità e identità, figlie delle relazioni e delle interdipendenze sociali, specchio della stessa complessità del mondo. Queste attività umane sono pesantemente condizionate dal rapporto tra uomo e natura, un legame indissolubile che è mutato in modo radicale con l'ascesa del capitalismo industriale».

La relazione diretta con la natura, nei lavori che abbiamo fatto per millenni, era non solo evidente e percepita ma obbligatoria. Si lavorava "insieme" alla natura, pescando, seminando il grano o costruendo un tavolo. La conoscenza della natura era necessaria per qualunque lavoro, anche per quelli apparentemente lontani da essa: non solo gli agricoltori dovevano regolarsi sulle promesse di pioggia quando preparavano l'orto per la stagione successiva o si apprestavano a seminare i cereali; anche le lavandaie dovevano conoscere la natura e imparare come il sole potesse sbiancare o macchiare i panni; lo stesso valeva (e ancora vale) per i muratori che regolavano il loro lavoro sull'umidità dell'aria e sui venti. Così l'abilità di chi lavorava cresceva con il tempo, perfezionando i movimenti e affinando i pensieri. Quando poi la persona invecchiava e il corpo non consentiva di eseguire alla perfezione i movimenti, pure rimaneva la competenza, che nel frattempo era stata trasmessa a corpi più giovani e poteva ancora venir loro in aiuto nei momenti di necessità.

Saper fare un lavoro, in tutte le sue fasi, è una base importante per essere indipendenti. Lo spiega bene Giono, raccontando la storia del calzolaio artigiano, che conosceva ed eseguiva tutte le fasi della produzione di un paio di scarpe, e contrapponendola a quella dell'operaio calzolaio, che sa eseguire perfettamente solo un piccolo pezzo della catena produttiva:

> «Se per vivere dipendete da altri oltre a voi stessi, perché stupirvi che questi altri siano padroni della vostra vita? Se il vostro mestiere vi dà una piena libertà, e voi smarrite il vostro mestiere, perché stupirvi di smarrire nello stesso tempo la libertà? La trasformazione che voi subite, l'artigiano l'ha già completamente subita. Lui ha perduto la sua qualità artigiana; è diventato un operaio. Ha perduto tutto quel che voi vorreste recuperare: la vita, la pace, la libertà».

Giono, figlio di calzolaio, conclude:

> «L'artigiano calzolaio ora è diventato un operaio calzolaio. Lavora da Bata. Sa cucire un rinforzo. Mio padre ci metteva due ore per cucire un rinforzo. L'operaio di Bata ci mette appena mezz'ora. È più abile di mio padre, ma sa fare soltanto questo. Non sa fabbricare una scarpa intera. Cuce il suo rinforzo e passa il lavoro a un altro. Sfortunatamente per lui nessuno al mondo ha bisogno di un rinforzo; si ha bisogno di scarpe finite. L'operaio non può lasciare la sua sedia da Bata. Se se ne andasse non potrebbe vivere. (...) È prigioniero e la sua famiglia è prigioniera. E se gli si danno quindici giorni all'anno di ferie pagate, vi dico che rispetto alle grandi vacanze perpetue di mio padre questo che chiamano progresso è soltanto una grave regressione».

Questo passaggio è importante anche per un altro motivo. La cosiddetta "specializzazione del lavoro" significa che non c'è più bisogno "di quelli bravi", non c'è più bisogno di imparare a far bene una cosa, di appassionarsi alla storia dell'oggetto o del prodotto, non serve trovare il proprio talento e svilupparlo. Anzi, una maggioranza di persone creative, fantasiose e ambiziose, e dunque, per tornare ai concetti di Schumacher, disciplinate e puntuali nell'apprendere e nel perfezionarsi, che mirino a realizzare le proprie potenzialità, sarebbe altamente disturbante per lo sviluppo industriale.

L'economista John Kenneth Galbraith (1908-2006), oppositore delle multinazionali e critico spietato delle società capitalistiche, dirà:

> «La reale conquista della scienza e della tecnologia moderna consiste nel prendere delle persone normali, nell'istruirle a fondo in un settore limitato e quindi nel riuscire, grazie a un'adeguata organizzazione, a coordinare la loro competenza con quella di altre persone specializzate, ma ugualmente normali. Ciò consente di fare a meno dei geni[10]».

In più, l'industria produce, necessariamente, oggetti di minore qualità e minor valore rispetto a quelli realizzati dall'artigianato, il che incide sul prestigio sociale degli operai ma anche sulla loro autostima, sul senso di paternità per un risultato di qualità. In fabbrica si turna: quando al posto mio c'è un altro, le cose (dal cibo ai vestiti, alle auto) escono esattamente uguali, perché "le fa la macchina". Inoltre la produttività industriale punta ad aumentare, cerca sempre la maniera di crescere, e questo fa diminuire il valore delle cose già prodotte, industriali o artigianali che siano.

Smisurare il consumo perché la produzione è smisurata

Il lavoro commisurato all'uomo si mantiene nei limiti di produttività che la natura può sopportare e che il bisogno dei prodotti impone. La produttività dell'indu-

10. Citato da Domenico De Masi nella sua *lectio magistralis* presso l'Università di Scienze Gastronomiche di Pollenzo, 20 febbraio 2017, http://www.unisg.it/assets/LECTIO-MAGISTRALIS-DOMENICO-DE-MASI.pdf

stria, con la "tecnica che smisura" ha bisogno di "smisurare" anche il consumo.

Scrive Marx in *La miseria della filosofia*:

> «Cos'era che manteneva la produzione nelle giuste proporzioni o quasi? La domanda che si imponeva all'offerta, precedendola. La grande industria, costretta dagli stessi strumenti di cui dispone a produrre su scala sempre più vasta, non può attendere la domanda. La produzione precede il consumo, l'offerta fa violenza alla domanda».

Si creano così le fondamenta del consumismo, che a sua volta si regge sulla pubblicità, lo strumento per confezionare bisogni senza i quali l'industria non saprebbe dove collocare tutto il superfluo che produce, in ogni ambito, cibo compreso. L'analisi della società consumista ha trovato negli studi di Zygmunt Bauman (1925-2017) uno sguardo severo. In *Consumo dunque sono* (2007) leggiamo:

> «La società dei consumatori cresce rigogliosa finché riesce a rendere perpetua la non-soddisfazione dei suoi membri e dunque la loro infelicità, per usare il suo stesso termine. Il metodo esplicito per conseguire tale effetto consiste nel denigrare e svalutare i prodotti di consumo poco dopo averli portati alla ribalta nell'universo dei desideri dei consumatori. Ma un altro metodo per fare la stessa cosa, ancor più efficace, rimane in penombra, e solo di rado qualche giornalista investigativo particolarmente sagace vi getta luce: il metodo consiste nel soddisfare ogni bisogno/desiderio/carenza in modo tale che essi non possano

> che dar luogo a nuovi bisogni/desideri/carenze. Quello che inizia come uno sforzo per soddisfare un bisogno deve diventare alla fine una coazione o un'assuefazione. Ed è ciò che avviene finché l'impulso a cercare nelle vetrine dei negozi, e solo lì, le soluzioni ai problemi e il sollievo ai dolori e alle ansie rimane un aspetto del comportamento non solo consentito, ma vivamente incoraggiato, finendo per condensarsi in un'abitudine o in una strategia che appaiono prive di alternativa. (...) Affinché le aspettative restino vive, e nuove speranze riempiano prontamente il vuoto lasciato da quelle appena cadute in discredito e rottamate, il tragitto dal negozio alla pattumiera deve essere il più breve possibile e il passaggio dall'uno all'altra il più rapido possibile».

Anche così comunque si produce in eccesso, e le megadiscariche che popolano il globo (senza contare la superdiscarica che il globo medesimo è diventato) lo testimoniano, accogliendo non solo ciò che usiamo troppo poco e buttiamo troppo presto, ma anche l'invenduto. Il passaggio dal negozio o dal campo o dalla fabbrica alla discarica è spesso diretto, non prevede una pattumiera intermedia. Produciamo troppi abiti, troppo cibo, troppe auto, troppi oggetti e nemmeno lo sfrenato consumismo al quale ci dedichiamo (acquistando e buttando a ritmi impensabili solo cinquant'anni fa) basta per accontentare il continuo arrivo sul mercato di nuove merci. Ormai il pianeta assomiglia sempre più a una delle città invisibili di Calvino:

«(...) L'opulenza di Leonia si misura dalle cose che ogni giorno vengono buttate via per far posto alle nuove. Tanto che ci si chiede se la vera passione di Leonia sia davvero come dicono il godere delle cose nuove e diverse, o non piuttosto l'espellere, l'allontanare da sé, il mondarsi di una ricorrente impurità. Certo è che gli spazzaturai sono accolti come angeli e il loro compito di rimuovere i resti dell'esistenza di ieri è circondato d'un rispetto silenzioso, come un rito che ispira devozione, o forse solo perché una volta buttata via la roba, nessuno vuole più averci da pensare. Dove portino ogni giorno il loro carico gli spazzaturai nessuno se lo chiede: fuori dalla città, certo; ma ogni anno la città s'espande e gli immondezzai devono arretrare più lontano; l'imponenza del gettito aumenta e le cataste s'innalzano (...). Aggiungi che più l'arte di Leonia eccelle nel fabbricare nuovi materiali, più la spazzatura migliora la sua sostanza, resiste al tempo, alle intemperie, a fermentazioni e combustioni. È una fortezza di rimasugli indistruttibili quella che circonda Leonia».

Pur di vendere e buttare a ritmi sempre più serrati abbiamo creato l'industria del monouso, detto anche, per l'appunto, usa e getta, e per questa, come abbiamo visto, abbiamo usato la plastica, un materiale ricavato dall'eternità del sottosuolo e progettato per l'eternità una volta trasformato in oggetti di consumo. Certo una minima parte è sacrosanta, per esempio alcuni dei dispositivi che si usano negli ospedali o che servono agli anziani e ai disabili. I cateteri non si possono lavare e riutilizzare, lo stesso vale per i guanti di lattice, e le cannucce per alcune persone sono indispensabili per bere.

Ma tutto il resto serve solo per consentire a pochi di fare molti soldi ai danni di tutti. E nonostante questo sia palese, riconosciuto e noto, il primo pensiero di alcuni politici, in Italia, non appena scoppiata la pandemia da Coronavirus, è stato sospendere l'iter della legge che avrebbe imposto una tassa sulla plastica monouso, con la speranza, pubblicamente dichiarata, di riuscire a cancellarla definitivamente. Come se gli immondezzai che i nostri oceani sono diventati non avessero nulla a che fare con la possibilità che nuovi e vecchi virus si propaghino con sempre maggiore facilità, trovando concentrazioni di persone sempre maggiori e organismi sempre meno resistenti.

Ora: come ci si relaziona a un lavoro che non si conosce se non in una piccola fase del suo svolgimento, che non si comprende perché non se ne vede il quadro complessivo e di cui però si sa – perché si vive nella società reale dove si vedono le conseguenze delle produzioni – che è fonte di squilibri, ingiustizie, danni? Come ci si relaziona a se stessi in quanto lavoratori? Il salario, se anche fosse equo, colma tutte le mancanze di senso?

Scriveva Pio XI nell'enciclica *Quadragesimo anno* del 1931:

> «Dalla fabbrica la materia inerte esce migliorata, mentre gli uomini vi sono corrotti e degradati».

Eliminare la fatica

Anche se vediamo tutte le criticità, non possiamo non riconoscere che, grazie all'industria, alle macchine, comprese quelle agricole, e alla chimica non sono arrivati solo guai; anzi, come scrive Wendell Berry in *Economia e piacere* (1988):

> «L'ironia quasi insopportabile della nostra insoddisfazione è che abbiamo eliminato il piacere del lavoro per eliminare la fatica ingrata dalla nostra vita».

Inoltre, a ben guardare, se ci pensiamo come comunità globale, ovvero nell'unico modo credibile in cui ci possiamo pensare, non è vero che la fatica ingrata è stata eliminata. Semplicemente la fa qualcun altro.

È vero che possiamo vendere, comprare, progettare senza spostarci dal nostro sofà, ma per rendere questo possibile altri, altrove, setacciano montagne alla ricerca dei minerali che servono ai nostri telefoni e ai nostri computer. Di solito, oltretutto, sono minorenni. È vero che non c'è più un limite alla quantità di terra che possiamo definire nostra se abbiamo capitali sufficienti per acquistarne, ma l'unico modo che abbiamo per lavorarla o per metterla a frutto, e qualche volta addirittura per proteggerla (come succede con le grandi fondazioni "umanitarie" che recintano immense distese per evitare che vengano deforestate o inquinate), è non conoscerla e non rispettarla, non vederla mai tutta, e non vedere coloro che di quella terra sono i veri padroni, le comunità che l'hanno abitata o anche solo attraversata, "camminata", per millenni. La proprietà della terra per un contadino è commisurata alla fatica che lui e la sua famiglia possono fare. La proprietà della terra per un capitalista è commisurata ai suoi soldi e a questi, sfortunatamente, egli non accetta siano posti limiti di alcun genere.

Invece i popoli hanno sempre saputo come mitigare la fatica: la dividevano, la condividevano. I lavori duri, in campagna come nell'artigianato, hanno sempre richiesto più braccia e si sono sempre trasformati in momenti di relazione e socialità. Se si eliminano gli agricoltori dalle campagne, i pochi rimasti non potranno fare a meno di macchine e chimica; se si isolano gli operai nella solitudine di un processo, non vedranno l'ora che sia finito il turno e considereranno tempo "loro" solo quello in cui non lavoreranno, compiendo anche psicologicamente l'alienazione descritta da Marx per quanto riguardava macchine e produzioni. Gli operai producevano, con mezzi altrui, prodotti che molto spesso non potevano acquistare. Se anche il loro tempo e la loro azione cambiano padrone, il ciclo è completo.

Per quanto corretta, benvenuta e sensata possa sembrare l'idea dell'eliminazione della fatica fisica che si è compiuta nella modernità, anche questa si è spinta troppo oltre. Tutto, nel mondo del profitto, è senza misura. Oggi la fatica ci spaventa e questo fa il gioco di chi ci vuole sempre più dipendenti da oggetti e persone.

Recentemente ho partecipato alla progettazione di un'app per mettere in contatto diretto i titolari di aziende agricole con chi, anche solo per pochi giorni, si rende disponibile a lavori di raccolta o manutenzione in campagna. Il progetto era molto simile alle app che consentono di trovare un alloggio in affitto per brevi periodi, o di scegliere un ristorante, e la parte che agli agricoltori interessava di più era quella che consentiva le recensioni, perché nei periodi di lavoro molto intenso avere a che fare con gente affidabile è cruciale.

La stagione di raccolta della frutta o – dalle mie parti – la vendemmia erano, fino a pochi decenni fa, i periodi in cui studenti universitari o degli ultimi anni delle superiori andavano a lavorare per mettere insieme un gruzzolo che sarebbe servito per le vacanze estive o per pagare le tasse scolastiche dell'anno seguente. Era un'esperienza di poche settimane, che aveva un insostituibile valore formativo, per quello che si imparava non solo sul prodotto al quale ci si dedicava ma anche sul (e dal) proprio corpo. Capire quanta stanchezza possa stare dentro una giornata di lavoro, e quanto valore, quindi, abbia quel cibo. Chi abbia raccolto le olive anche solo una volta in vita sua, poi l'olio sedicente extravergine al supermercato a tre euro non lo compra.

Il progetto dell'app non venne finanziato, era una sorta di "contest" in cui furono preferiti altri ambiti di iniziativa: l'agricoltura ha poco appeal anche per gli incubatori d'impresa. Tuttavia le interviste che facemmo per capire quali caratteristiche dovesse avere il prodotto furono illuminanti: tutti gli agricoltori dicevano che i ragazzi italiani non erano più in grado di fare quei lavori. Cosa significa, chiedevamo, non sono capaci? No no, rispondevano:

> «Proprio non ce la fanno, non reggono la fatica. Dopo la prima mezza giornata si spaventano perché è troppo faticoso e se ne vanno. Dopo la pausa pranzo del primo giorno non tornano nemmeno a prendersi i soldi delle ore che hanno lavorato. Quelli che restano o sono immigrati, che a casa loro sanno ancora cosa è il lavoro, o, se sono italiani, hanno più di sessant'anni – anche quelli non scappano davanti alla fatica».

Raccontando l'episodio sul mio blog scrivevo:

> «Gli anziani ancora reggono: gente con un passato rurale prende per le corna la giornata e la porta alla fine. E l'indomani di nuovo. Sapendo come muoversi, quanto muoversi, quanto parlare e quando, per non sprecare energie né tempo. Donne e uomini che con quelle piante, quei frutti, quei solchi ci sanno ancora ragionare, e lo fanno volentieri. Certo, per soldi, ma per bene. Ma sono pochi, sono sempre meno».

La fatica che si fa in palestra è un'altra cosa, è una fatica che esclude la natura e non ci chiede di essere interamente presenti nel gesto fisico. Un caro amico sul *tapis roulant* corregge i lavori dei suoi allievi. Il corpo fa una cosa, il cervello ne fa un'altra. Nel lavoro, nel lavoro vero, nobile e serio, questo non è immaginabile. Probabilmente, ma solo in alcuni casi, è possibile nel lavoro industriale: tuttavia non è raccomandabile perché le macchine sono pericolose e la distrazione non è la benvenuta. Anche se non c'è nulla da capire né da decidere, su quell'assenza occorre stare concentrati costantemente, quel "nulla" ci prende tutte le energie.

Faticare senza relazione è estenuante, rende il tempo del lavoro come una gabbia da cui non si vede l'ora di uscire. Una volta fuori non si hanno più energie per altro. Quando cervello e corpo lavorano insieme, il lavoro stanca ma al contempo ricarica: toglie energie e ce ne offre altre; se invece ci infiliamo in un lavoro che ci "spreme" soltanto e non ci dà niente in cambio, non ci regala altre energie, allora a fine giornata avremo solo voglia che sia finita, e correremo a "riposarci" già con l'ansia del giorno feriale successivo. Il malessere che tante persone avvertono la domenica nel tardo pomeriggio, quella specie di malumore per la settimana in arrivo, ci dà la misura del furto di energia che tanti lavori (anche impiegatizi) compiono: le "vacanze perpetue" di chi fa un lavoro amato non sono una battuta, anzi sono un modo efficace per descrivere una situazione di equilibrio energetico in un lavoro che toglie e dà con pari impeto, come è il lavoro di un'agricoltura buona con la terra e buona con chi la lavora.

I lavori pesanti in agricoltura c'erano (e ci sono), ma si facevano (si fanno?) in tanti e così si alleggerivano: la fatica restava fatica, ma ognuno faceva solo quella che era in grado di reggere, senza mai barare; la compagnia e la partecipazione degli altri alleggerivano la fatica e la facevano durare meno, mentre la presenza dei bambini che giocavano, come scrive Berry, obbligava anche gli adulti a giocare un po', di tanto in tanto. Lavorando in tanti si finiva prima, così poi, stancati ma ricaricati da quel lavoro collettivo, si poteva andare a far festa.

Il mio articolo sulle interviste agli agricoltori ricevette un commento illuminante:

> «La resilienza è quella di chi dopo una giornata a raccogliere le pesche sotto il solleone, alla sera si metteva una camicia pulita per andare a ballare il liscio».

Se infatti il lavoro è parte integrante della vita e dell'identità, la festa è parte integrante del lavoro. Ne parliamo nel prossimo capitolo.

8. Fare festa

Sulla festa nella cultura rurale si è scritto così tanto che non solo è impossibile citare tutti gli autori che lo hanno fatto in modo mirabile, ma verrebbe da chiedersi che senso abbia parlarne ancora.

Quello che ci interessa qui, tuttavia, non è la ritualità o il significato delle feste contadine, ma la loro caratteristica di ciclicità, di complementarietà rispetto all'idea del lavoro. La cultura contadina non vede di buon occhio chi non sa o non vuole lavorare, ma allo stesso modo diffida di chi non si unisce alla festa. La cultura capitalistica stravolge e rende prosaico anche questo elemento introducendo, non solo come condizione di accesso alla festa ma anche come unità di misura del suo successo, il grande inquinatore, il denaro.

È ridicolo doverlo ribadire, ma corro volentieri il rischio del ridicolo pur di non correre quello del fraintendimento: non si sostiene, qui, che la vita dei campi fosse (o sia, dove permane) un indisturbato idillio. Non si ignorano le povertà, le prevaricazioni, le violenze (di genere ma non solo), gli incesti, la fame, le chiusure, la mancanza di igiene, le malattie, le brutalità che hanno accompagnato e ancora non hanno abbandonato l'evolversi della vita rurale, e che in parte sono state alla base dell'esodo verso le città che si è reso possibile con l'industrializzazione. D'altronde la vita operaia dei centri urbani ha sperimentato, nel corso della sua storia, gli stessi malanni e le stesse sofferenze: cambiano solo le ambientazioni e i personaggi.

Al netto di tutto questo, tuttavia, il senso del lavoro era diverso perché era orientato al benessere di persone, animali e suolo: era un'idea complessa di lavoro e di fatica, che si fondava su relazioni e che tentava, per quanto possibile, di sintonizzarsi con la natura. Il mondo industriale ha dovuto impoverire quella visione, e impoverendo il senso del lavoro, orientandolo eminentemente al denaro, ha finito per impoverire anche il senso della festa o, per usare il lessico urbano, del "tempo libero", che è stato orientato dal medesimo elemento.

Torniamo a Giono e alla sua *Lettera*:

> «(...) gente della mia età, rammentate le mietiture e i raccolti, e l'allevamento dei bachi da seta (...); e le feste cui i campi facevano da teatro (posso, senza tema di essere smentito, rivolgermi alla classe contadina internazionale: tedesca, italiana, russa, svizzera, norvegese, anche americana: hanno tutti gli stessi ricordi). Rammentate quella sorta di magia, di poesia, ecco la parola; e non temo che ci si scherzi: (...) voi che stavate nei campi capirete ciò che voglio dire. Il contadino sapeva far festa. (...) Il pover'uomo delle città è un contadino che ha perduto tutto. C'era un'agiatezza del gesto e della vita. A quei tempi non esistevano i nuovi significati che i tempi moderni e i partiti politici moderni hanno dato alle parole agiatezza e abbondanza. (...) L'agia-

tezza e l'abbondanza di quei tempi passati (che agli occhi dei politici hanno il torto di essere esistiti al di fuori della loro dottrina e come malgrado essa) erano puramente e pienamente corporali; il denaro non vi esercitava alcun controllo. Erano tempi in cui si dava molto».

Si dava molto perché quello che si possedeva aveva a che fare con la vita e, come abbiamo visto, la vita non si accumula né si vende: si dona. Tutti gli starter, nella cultura contadina, gli starter di vita, come i semi o la pasta madre, sono tradizionalmente oggetto di dono. Se qualcuno ne ha bisogno o li chiede, non si ci si rifiuta né si chiede qualcosa in cambio, perché a nessuno serve più vita di quella che ha. Non solo: il dono preserva il bene, se il bene è vivo; l'accumulo lo distruggerebbe, lo farebbe seccare o imputridire perché non verrebbe utilizzato. La vita non entra docilmente nelle avare gabbie quantitative della cultura industriale.

«Nella nostra società – scrive Capra in *Il punto di svolta* (1982) – la maggior parte delle persone sono insoddisfatte del loro lavoro e vedono nelle attività ricreative il centro d'interesse della loro vita. Il lavoro si trova così ad essere in opposizione con le attività del tempo libero, e queste ultime vengono servite da un'industria enorme che produce oggetti che comportano un uso intensivo di risorse e di energia – videogiochi, motoscafi, gatti delle nevi e via dicendo – e che esortano la gente ad un consumo sempre più dissipativo di risorse».

Non è quindi il denaro o il profitto in sé che corrompe: ciò che corrompe è il subordinare al denaro e al profitto gli ambiti spirituali più connessi all'uomo, come quelli del lavoro e della festa. Nell'episodio del Vangelo in cui Gesù caccia i mercanti dal tempio, il punto non è che sono mercanti. Il punto è che sono nel tempio, cioè dove non dovrebbero essere; sono in un luogo in cui il denaro, con la sua capacità di violenza, non deve entrare, perché è il posto in cui abbiamo meno difese. Siamo senza protezioni, nel tempio, perché vi entriamo per dialogare con la nostra parte spirituale. Il denaro non deve comandare i momenti in cui siamo più vicini al nostro essere elementi di natura: quando lavoriamo non dobbiamo farlo eminentemente per il denaro, quando festeggiamo non dobbiamo farlo grazie al denaro, perché per il tramite di entrambe queste attività rendiamo gloria a quello che siamo e non importa se lo chiamiamo dio, destino, natura o realizzazione di sé.

Il denaro non si deve avvicinare troppo all'essenza della vita: il dibattito sui beni comuni che sta proseguendo ormai da molto tempo intersecando l'ambito giuridico, ecologico ed etico, nasce da questo dato di fatto: i beni comuni (cioè le risorse naturali ma non solo), sono – con le parole del sociologo Franco Cassano (1943-2021) in *Homo civicus. La ragionevole follia dei beni comuni* (2004) – tutti gli elementi essenziali alla vita. Non possono quindi essere piegati alle ragioni del denaro, devono essere sottratti al mercato, devono trovare una collocazione giuridica propria, che ha a che fare con i diritti e con l'etica e non con il profitto o il potere.

Nutriamo il nostro spirito e il nostro corpo con il lavoro, con la preghiera (intesa nel senso più ampio, di meditazione) e con la festa. Ma possiamo farlo solo se tutti questi ambiti riescono a mantenersi al riparo dalla grossolanità del capitale, che nella sua corsa semplificatoria è intrinsecamente violento, nella misura in cui la vita è intrinsecamente complessa.

Contro il profitto, facciamo festa

Se vogliamo efficacemente contrastare i danni che il capitalismo sta recando a persone e risorse naturali non dobbiamo fare il suo stesso errore, concentrandoci solo sul modo in cui produciamo. Dobbiamo provare a «scartare di lato», come cantava Francesco De Gregori in *Bufalo Bill*, possibilmente senza cadere.

Il modo in cui "facciamo festa" è intrinsecamente legato alla nostra cultura o, come diceva Schumacher, al nostro livello di «istruzione, organizzazione e disciplina»; è legato a quella scuola di ecologia che dobbiamo costruire e che dobbiamo diventare, per far sì che la scarna, dura, rozza idea di profitto non comandi sul nostro modo né di lavorare né di far festa.

Lo spiega bene una lettera d'amore, contenuta in un romanzo d'amore, *L'amante di Lady Chatterley* (1928) di David Herbert Lawrence (1885-1930), scrittore inglese la cui salute malferma fu compensata da una travolgente energia:

> «Se gli uomini portassero dei pantaloni rossi, come ti ho detto una volta, non penserebbero così tanto ai soldi: se potessero ballare, saltare, cantare, farsi belli, ce la farebbero con pochi soldi. E divertire le donne e divertirsi con le donne. Dovrebbero imparare ad essere nudi e belli, e cantare in coro e ballare i vecchi balli, in gruppo, e farsi gli sgabelli su cui siedono e ricamare i propri emblemi. Allora non avrebbero bisogno di soldi. Ed è questo l'unico modo di risolvere il problema industriale: educare la gente a vivere e vivere in bellezza, senza bisogno di spendere».

La scrive Mellors, il guardacaccia, a Connie, dalla quale deve restare separato per qualche mese. Il guardacaccia è un uomo colto e politicizzato, e la storia d'amore evolve tra momenti di intimità descritti nei dettagli, che valsero al romanzo non poche censure, e conversazioni sulla giustizia e sui rapporti tra padroni e lavoratori, con particolare riferimento ai minatori, categoria alla quale apparteneva il padre di Lawrence. Connie è la moglie di sir Chatterley, giovane rappresentante dell'aristocrazia terriera tornato "a pezzi" dalla prima guerra mondiale, paralizzato dalla vita in giù.

Non so se fosse nelle intenzioni di Lawrence, ma tutto ciò è una perfetta metafora. Sir Chatterley, che ha a che fare con il denaro e le armi, si vede negata la fecondità, fine ultimo di ogni azione di natura; il guardacaccia, che conosce il bosco, gli animali, i nomi dei fiori, che osserva i suoi simili più sfortunati e per loro si indigna, abita l'amore, la fertilità e incontra lady Chatterley che vuole sì un figlio, ma vuole soprattutto l'amore e la compagnia del guardacaccia. La riproduzione, scrive Jared Diamond in *Il terzo scimpanzé*, non è che un «sottoprodotto abbastanza casuale» del sesso, ma la natura pare avere una passione per i sottoprodotti, per le cose apparentemente "accessorie" (come il nettare, inutile in sé per i fiori ma molto gradito agli insetti pronubi) ma che risultano imprescindibili per la ripartenza dei cicli produttivi. La natura vive di tutto ciò che al profitto sembra inutile, e questo, come abbiamo visto, ha causato non pochi guai.

A proposito di "sottoprodotti" fondamentali: nella *Genesi*, il creatore non fa ripartire un ciclo produttivo per creare il secondo essere umano; per il secondo esemplare, parzialmente modificato, dell'umano che aveva appena fatto mettendo al mondo Adamo usa, diciamo così, un'eccedenza della precedente linea di produzione. Adamo a tutti gli effetti potrebbe essere considerato la versione beta (con quel che ne consegue in termini di perfettibilità), e da una sua costola viene creata la donna. L'efficientamento del ciclo produttivo rispetto al primo esemplare è innegabile e in quest'ottica anche le donne possono essere viste come un sottoprodotto, uno di quegli elementi apparentemente accessori ma che per la natura (e la sua tutela) sono un elemento chiave, come vedremo nel prossimo capitolo.

9. Femminile maschile

Tempo, denaro, ozio e *Una stanza tutta per sé* (1929). Questo, secondo Virginia Woolf (1882-1941), serve alle donne per raggiungere «la libertà intellettuale». Tutti elementi che gli uomini hanno sempre potuto procurarsi e che invece alle donne erano negati. Lei affronta il tema della produzione letteraria e cerca di spiegare come mai la maggior parte dei romanzieri, poeti e saggisti siano maschi. Le ragioni sono molto concrete e non riguardano né l'inclinazione né l'intelligenza:

> «La libertà intellettuale dipende da cose materiali. La poesia dipende dalla libertà intellettuale. E le donne sono sempre state povere, non soltanto in questi duecento anni ma dagli inizi dei tempi. Le donne hanno avuto meno libertà intellettuale di quanta non ne avessero i figli degli schiavi ateniesi. Le donne, pertanto, non hanno avuto la più piccola opportunità di scrivere poesia. Perciò ho insistito tanto sul denaro e sulla stanza propria».

Ricordate la teoria di Schumacher secondo cui la povertà dipende da elementi immateriali (istruzione, disciplina, organizzazione)? Lui si riferiva alla società nel suo complesso e quindi ai necessari, o quanto meno auspicabili, interventi di un governo. Qui c'è la seconda facciata: la libertà intellettuale dipende da elementi materiali, e l'analisi si fa individuale.

Woolf ha ragione: non è arrivata con il capitalismo la disparità di genere. Ma il capitalismo e l'industrializzazione hanno avviato processi guidati dalla visione maschile del mondo, la quale non è sbagliata in sé ma diventa dannosa se non viene bilanciata dalla visione opposta. Nulla in natura procede senza trovare un argine, un limite. Quando se ne fa a meno, di solito ci sono di mezzo gli esseri umani. Il tessuto intellettuale su cui è fondata la concezione contadina del mondo è fatto della visione maschile, di quella femminile e anche delle visioni di tutte le sfumature sessuali che ci possono essere in mezzo ai due opposti. Le culture tradizionali sono sempre state alla ricerca di equilibri, e lo spiega bene Fritjof Capra in *Il Tao della fisica*:

> «I Cinesi credono che ogni volta che una situazione si sviluppa fino alle sue estreme conseguenze, essa sia costretta a invertire il proprio corso, trasformandosi nel suo opposto. Questa convinzione di fondo ha dato loro coraggio e perseveranza nei momenti di dolore e li ha resi cauti e modesti nei momenti di successo. Li ha condotti alla dottrina dell'aurea mediocrità in cui credono sia i Confuciani che i Taoisti. "Il Santo", dice Lao-tzu, "rifugge dall'eccesso, rifugge dallo sperpero, rifugge dal fasto". (...) La moderna società industriale che cerca continuamente di alzare il "livello di vita" e così facendo abbassa la qualità della vita di tutti i suoi membri è un esempio eloquente di questa antica saggezza cinese. L'idea di configurazioni cicliche nel moto

> del Tao acquistò una struttura definita con l'introduzione delle polarità opposte di yin e yang; questi sono i due poli che pongono i limiti per i cicli del mutamento (...). Fin dai tempi remoti, i due poli archetipi della natura furono rappresentati non solo da luminoso e oscuro ma anche da maschile e femminile, rigido e flessibile, sopra e sotto. Yang, il potere creativo, maschile e forte era associato al Cielo, mentre yin, l'elemento femminile e materno, buio, ricettivo era rappresentato dalla Terra. (...) Nel campo del pensiero, yin è la mente femminile, intuitiva e complessa, yang l'intelletto maschile, lucido e razionale. Yin è la quieta e contemplativa immobilità del saggio, yang la forte attività creativa del re».

Noi, popoli industrializzati, questo equilibrio lo abbiamo abbandonato presto. Abbiamo deciso che una parte dell'universo era "inutile" e abbiamo privilegiato l'altra. I popoli che invece hanno mantenuto un equilibrio di maschile e femminile, che vivono dove l'agricoltura "familiare" non ha ceduto il passo a quella industriale, sono popoli che custodiscono ancora con cura le loro risorse naturali e potrebbero pensare al futuro con maggiore serenità. Dico potrebbero perché di fatto anche il loro futuro è minacciato dai nostri comportamenti e dunque non dipende, purtroppo, solo da loro.

Wendell Berry in *Il dissesto dell'America* (1977) descrive la contrapposizione tra nutrimento e sfruttamento:

> «Lo sfruttatore è uno specialista, un esperto. Il nutritore no. Il criterio del primo è l'efficienza, quello del secondo è la cura. L'obiettivo del primo è il denaro, il profitto; quello del secondo è la salute – della sua terra, sua, della sua famiglia, comunità, paese. Laddove lo sfruttatore di un terreno vuole sapere solo quanto e quanto in fretta può iniziare a produrre, il nutritore pone una domanda molto più complessa e difficile: qual è il suo carico massimo (ossia quanto se ne può trarre senza penalizzarlo, che cosa può produrre affidabilmente per un periodo indefinito)? Lo sfruttatore vuole guadagnare il più possibile con il minor lavoro possibile, il nutritore si aspetta certo di ricavare di che vivere decorosamente con il suo lavoro, ma il suo desiderio peculiare è lavorare il meglio possibile. La competenza dello sfruttatore sta nell'organizzazione, quella del nutritore nell'ordine – ovvero un ordine umano che si conforma sia a un altro ordine sia al mistero. In genere lo sfruttatore è al servizio di una istituzione o organizzazione; il nutritore è al servizio della terra e della famiglia, della comunità, del luogo. Lo sfruttatore pensa in termini di numeri, quantità, "meri fatti", il nutritore in termini di carattere, condizione, qualità, tipo».

Tutte cose che abbiamo già chiarito, ma Berry le connette al tema che stiamo trattando:

> «Sembra probabile che tutti i "movimenti" degli ultimi anni abbiano rappresentato rivendicazioni di vario genere del nutrimento contro lo sfruttamento. Il movimento femminista per esempio, quando le sue energie sono impiegate con più accortezza, propugna la causa del nutrimento (...). Lo sfruttatore è chiaramente il prototipo dell'uomo virile

– il trafficone i cui fini "pratici" esigono il sacrificio della carne, del sentimento e del principio. Il nutritore invece ha sempre attraversato con facilità i confini dei cosiddetti ruoli sessuali. Colui che conserva il seme e lo pianta, inevitabilmente e senza farne l'apologia, diventa levatrice e balia. Il riproduttore si trasforma sempre in incubatore e di nuovo in riproduttore. Volta dopo volta, primavera dopo primavera, la mente indagatrice, idealista e visionaria, deve passare attraverso l'arte del piantare per diventare nutrice del reale. L'agricoltore è per definizione metà madre, l'unica questione è quanto sia buona questa madre. La stessa terra non è solo madre o padre, ma entrambi».

Vandana Shiva scrive in *Terra Madre. Sopravvivere allo sviluppo* (il titolo dell'opera originale, uscita nel 1988, era *Staying Alive. Women, Ecology and Survival in India*):

«Sulla base delle esperienze delle donne del Terzo Mondo, i modi di pensare e di agire conosciuti rispettivamente come Scienza e Sviluppo non sono universali, né includono – come sarebbe naturale – la componente dell'umanità; la scienza moderna e lo sviluppo sono progetti di origine maschile e nati in Occidente, sia storicamente che ideologicamente. Sono l'ultima e più brutale espressione di un'ideologia patriarcale che sta minacciando di annichilire la natura e l'intera specie umana. La scienza patriarcale della natura nacque in Europa tra il quindicesimo e il diciassettesimo secolo con la rivoluzione scientifica. La rivoluzione industriale, a quella strettamente collegata, pose le fondamenta di un modello patriarcale di sviluppo economico, il capitalismo industriale. La scienza e lo sviluppo contemporanei conservano le radici ideologiche e i preconcetti delle rivoluzioni scientifica e industriale, anche quando si aprono a nuovi campi di attività e dominio».

Giocando con il francese *mal developpement*, che starebbe per "malsviluppo", e con l'inglese *male development*, dove *male* significa maschile, continua:

«Il malsviluppo è tale nel pensiero e nell'azione. Nella pratica questa prospettiva scissa, riduzionista e dualista viola l'integrità e l'armonia tra uomo e natura e tra gli uomini e le donne. Spezza l'unità cooperativa tra il maschile e il femminile e pone l'uomo, spogliato del principio femminile, al di sopra della natura e delle donne, e da entrambe separato. La violenza nei confronti della natura - rivelata dalla crisi ecologica - e la violenza nei confronti delle donne - rivelata dal loro assoggettamento e sfruttamento - sorgono dalla prevaricazione del principio femminile. (...) L'attività, la produttività, la creatività che erano associate al principio femminile, vengono espropriate, trasformate da qualità della natura e delle donne in qualità esclusivamente maschili. (...) Da creatrici e sostentatrici della vita, la natura e le donne vengono ridotte a essere "risorse" nel modello del malsviluppo, frammentario e contrario alla vita».

Contrario alla vita. Ci risiamo. Lo abbiamo visto con la cancellazione della fertilità del suolo, con l'uso in agricoltura di strumenti pensati per la guerra, con il livello di segregazione e violenza che gli inizi dell'era industriale hanno riservato ai bambini, lo abbiamo visto con l'avversione verso i poveri e i perdenti.

Potrebbe essere qui il nucleo del nostro ragionamento: il profitto si oppone alla vita, e per questo devasta la natura. La vita, con il suo già citato "benevolo disordine", è imprevedibile, poco addomesticabile nei termini econometrici classici. E il patrimonio culturale delle donne è indissolubilmente legato alla vita. Non nel senso diretto della loro possibilità di essere madri – anche questa è una forma di riduzionismo che fa discendere ogni possibilità di comprensione dalla maternità, in atto possibilmente, o se proprio non si può almeno in potenza, sicché astenersi over 50 – ma nel loro essere orientate alla relazione:

L'analisi di Stefano Rodotà (1933-1917) in *La vita e le regole. Tra diritto e non diritto* (2006) è preziosa:

> «(...) da tempo si discute e si teorizza un passaggio dalla società del "benessere" (...) alla società della "cura", soprattutto grazie ai contributi determinanti della riflessione femminista che per questa via ha ridefinito l'essere in società (...). Il riferimento alla cura può essere appunto inteso come uno dei punti in cui emerge con nettezza una posizione etica femminile orientata alla relazione in opposizione a quella maschile orientata all'individualismo. La cura, infatti, è in sé destinata all'altro e, in questo senso può essere intesa come critica a una idea dei diritti come ripiegamento su di sé di chi ne è titolare. Emerge una idea di "connessione" che modifica e qualifica in modo nuovo il contesto all'interno del quale la nozione di cura deve essere ricostruita».

Una civiltà che metta in discussione i rozzi criteri del profitto sarà per ciò stesso una civiltà che riconsidera e rivaluta i valori femminili e a essi chiede di affidarsi.

Carol Ann Duffy è una poetessa scozzese che nel 2002 ha pubblicato una raccolta dal titolo *La moglie del mondo,* nella quale le grandi storie reali o della mitologia sono narrate dalla moglie del protagonista (la signora Darwin, Penelope...). In una di queste, *La signora Mida*, la storia del re Mida viene ripercorsa con un sofisticato effetto comico che si appoggia su uno struggimento senza consolazione. Struggimento che vira in rabbia se proviamo a immaginare che quelle parole siano non tanto l'addio di una moglie al marito amato ma avido e sciocco, quanto il pianto della Terra rivolto alla parte di umanità che l'ha trascurata e abbandonata per amore del denaro:

«(...)
Sedette sulla sedia come un re su un trono rilucente.
Aveva un'aria strana, spiritata, vana. Dissi,
Santiddio, cosa succede? Si mise a ridere.
Servii la cena. Per antipasto, pannocchia di granturco.
Un attimo dopo si mise a sputare i denti dei ricchi.
Giocherellò col suo cucchiaio, poi col mio, con coltelli
[e forchette.
Chiese del vino. Versai col tremor nella mano
un bianco secco, fragrante, italiano; lo guardai
alzare il bicchiere, una coppa, un calice d'oro, bere.
Fu allora che mi misi a strillare. Cadde in ginocchio.
Ci calmammo, il vino lo finii da sola,
mentre lo ascoltavo. (...)
Non credevo alle mie orecchie:

Aveva espresso un desiderio. E chi non ne ha, vero?
Ma quale di questi si avvera davvero? Il suo. Avete presente
[l'oro?
Non sfama nessuno; aurum, malleabile, inossidabile;
[non sazia la sete. (...)
Dovette andarsene. Avevamo una roulotte
in aperta campagna, un terreno isolato. Ve lo portai
al calar della notte, seduto sul sedile posteriore.
E poi tornai a casa, la donna che aveva sposato il fesso
che voleva l'oro. (...)
Ciò che mi irrita ora non è l'idiozia né la cupidigia
ma il non aver pensato a me. Puro egoismo. (...)
Più di tutto,
anche ora, mi mancano le sue mani, le sue mani calde,
[il tocco sulla mia pelle».

Concludendo: viva i baroni rampanti

Quel genio di Italo Calvino nel 1957 pubblicò *Il barone rampante*, storia di Cosimo, un giovanissimo baronetto che, durante un litigio con l'austero padre, prende la decisione della vita. La voce narrante del romanzo è del fratello più giovane:

> «Cosimo salì fino alla forcella di un grosso ramo dove poteva stare comodo, e si sedette lì, a gambe penzoloni, a braccia incrociate con le mani sotto le ascelle, la testa insaccata nelle spalle, il tricorno calcato sulla fronte.
> Nostro padre si sporse dal davanzale. - Quando sarai stanco di star lì cambierai idea! - gli gridò.
> – Non cambierò mai idea, – fece mio fratello, dal ramo.
> – Ti farò vedere io, appena scendi!
> – E io non scenderò più! – E mantenne la parola».

Cosimo trascorrerà il resto della sua vita sugli alberi, acquisendo (e passando al lettore) una impressionante quantità di informazioni sulla natura. Questo suo cambio di prospettiva, di visione, contagia e coinvolge l'intera comunità in cui vive e cambia di fatto non solo la sua vita, ma quella di tutto il territorio.

Dal dicembre del 1997 al dicembre del 1999, Julia Hill, giovane ambientalista californiana, rimase 738 giorni a oltre 50 metri di altezza, su una sequoia che rischiava di essere abbattuta. Non la abbatterono.

Nel 1955, quando Rosa Parks si rifiutò di cedere a un bianco il proprio posto su un bus di Montgomery negli Stati Uniti, e per questo venne arrestata, i neri di Montgomery iniziarono ad andare a lavorare a piedi. Lo fecero per 366 giorni, cioè fino al giorno in cui la legge venne cambiata.

Cito queste storie perché sono esempi di salutari cambi di prospettiva – vado a stare su un albero; mi sistemo sulla sequoia che vogliono tagliare; se devo prendere il bus rispettando regole assurde, allora vado a piedi –, perseguiti con testardaggine e con fedeltà verso un'idea. È così che immagino la corrente di critica verso il sistema del profitto che ho provato a descrivere finora. Una lunga, mai interrotta, staffetta di pensieri, parole, opere e, quando necessario, omissioni che è arrivata fino a noi e che nel tempo ha raccolto piccoli e grandi successi, spesso quando i protagonisti o gli iniziatori delle battaglie era ormai usciti di scena lasciando il testimone a qualcun altro.

È spesso un cambio di prospettiva a innescare la battaglia, provare a ragionare adottando il punto di vista degli alberi, dei neri, dei poveri, dei pesci, dell'acqua, delle piante. Degli altri.

> «Quando si pensa agli altri - scrive Giono - va tutto fuori posto».

D'altronde, solo se va tutto fuori posto si può sperare di trovare un'altra maniera di stare, tutti quanti, al mondo.

Se si cambia prospettiva si può provare a ragionare (e a governare, a fare impresa e mercato e istruzione...) in termini di cura e non di profitto. Basta decidere di salire su quell'albero determinati a non scenderne più.

Tutti gli autori citati in questo volume pensavano agli altri, provavano a pensare come gli altri, come l'altro, fossero lombrichi, particelle subatomiche o contadini. Ci hanno portati a guardare il mondo insieme a loro, e le prospettive dalle quali ci han fatto guardare non smetteranno di cambiarci. Se lasceremo entrare le loro parole nella nostra quotidianità riusciremo a trasformarci, almeno un po', nei baroni rampanti di cui questa epoca ha urgente bisogno: qualche miliardo di baroni rampanti, ecco cosa ci serve.

Se Girani, il cappellaio di cui vi parlavo in apertura, fosse riuscito nel suo intento, avrebbe certamente fatto un lavoro più completo del mio: la sua opera mantiene la perfezione dei progetti che non si traducono in realtà (tutti i cittadini di Bra sotto lo stesso cappello, ma proprio tutti); i limiti del tempo, delle pagine a disposizione e delle conoscenze in mio possesso invece sono i confini della realtà in cui mi sono mossa io.

Dando alle stampe questo testo, già mi dolgo – proprio come succede a ogni chiusura di corso – per quello che non ho avuto tempo di discutere, per le idee che ho ricacciato indietro e per quelle che proprio non mi sono venute per tempo: insomma, ho appena terminato di scrivere e sono già dispiaciuta per tutto quello che non c'è. Probabilmente me ne lamenterò a lungo, con amici e conoscenti, ogni volta che mi si paleserà una mancata connessione.

Ma poi, se è passata a Girani, passerà anche a me.

Ringraziamenti

Il primo ringraziamento, alla memoria, va a Francesco Rinaudi, meglio noto come Cecu Pocapulpa, fonte generosa di spiegazioni e aneddoti (spesso veri, più spesso verosimili, sempre deliziosi) su tutto ciò che riguardava la vita della città di Bra e dei suoi abitanti presenti e passati.

Un libro come questo, che si nutre di libri, ha poi un enorme debito con coloro che con i libri lavorano al servizio altrui, in particolare per quanto riguarda i testi meno facili da trovare, non più in commercio e che nessuna casa editrice si sogna di ripubblicare. Un grazie al libraio marchigiano Lodovico Miconi, la cui libreria ha chiuso i battenti ma che non per questo ha smesso di rendersi utile con chi cerca pagine quasi dimenticate; grazie anche all'amico Antonello Loreto che ha fatto da tramite e da spedizioniere.

Dove non arrivano le librerie, né quelle aperte né quelle chiuse, arrivano le biblioteche e dunque la mia gratitudine va alla Biblioteca Civica di Savigliano (Cuneo), sempre efficiente e disponibile anche in tempi di pandemia, la cui sezione sui temi ambientali è straordinariamente ben fornita; alla biblioteca di Slow Food Editore, curata da Daniela Battaglio; alla biblioteca dell'Università di

Scienze Gastronomiche di Pollenzo (Cuneo), diretta da un angelo bibliofilo, paziente e competente, che risponde al nome di Bruno Viberti, senza il quale un paio di momenti critici non sarebbero stati superati. Grazie anche a Severino Forcone, per avermi aiutato con gli scritti di Alex Langer, e a Valter Cambieri per aver recuperato qualche testo di seconda mano grazie al web.

Dal momento che questo libro sconfina spesso in ambiti tecnici non contigui alla mia formazione, ho importunato frequentemente amici cari che hanno sempre letto con attenzione i brandelli di testo che inviavo e mi hanno fornito a stretto giro utilissimi pareri: un grazie di cuore a Piero Bevilacqua, Bruno Bignami, Monica Di Sisto, Andrea Gardini, Maurizio Gily, Ugo Mattei, Andrea Pezzana, Davide Porporato.

Grazie inoltre ai primi lettori, o ascoltatori delle mie letture: la mia famiglia e Malù Capellino. Se non vorrete più rileggere la versione stampata, capirò.

Bibliografia

Altieri, Miguel A. (a cura di), *Historia de la Agroecología en América Latina y España*, Socla, Berkeley 2017.

Bauman, Zygmunt, *Consumo, dunque sono*, Laterza, Roma-Bari 2008.

Berry, Wendell, *La risurrezione della rosa*, Slow Food Editore, Bra 2006.

Buiatti, Marcello, *Il benevolo disordine della vita*, Utet, Torino 2004.

Calvino, Italo, *Il barone rampante*, Mondadori, Milano 2002.

Calvino, Italo, *Le città invisibili*, Mondadori, Milano 2012.

Capra, Fritjof, *Il punto di svolta*, Feltrinelli, Milano 2005.

Capra, Fritjof, *Il Tao della fisica*, Adelphi, Milano 1982.

Caproni, Giorgio, *Res amissa*, Garzanti, Milano 1991.

Carson, Rachel, *Primavera silenziosa*, Feltrinelli, Milano 2016.

Cassano, Franco, *Homo civicus. La ragionevole follia dei beni comuni*, Edizioni Dedalo, Bari 2004.

Commoner, Barry, *Il cerchio da chiudere*, Garzanti, Milano 1986.

Conti, Laura, *Che cos'è l'ecologia. Capitale, lavoro e ambiente*, Mazzotta, Milano 1977.

Darwin, Charles, *L'azione dei vermi*, Mimesis, Milano 2012.
Diamond, Jared, *Il terzo scimpanzé*, Bollati Boringhieri, Torino 1994.
Dickens, Charles, *Un canto di Natale*, Newton Compton, Roma 2012.
Duffy, Carol Ann, *Le mogli del mondo*, a cura di Giorgia Sensi e Andrea Sirotti, Le Lettere, Firenze 2002.
Engels, Friedrich, *Dialettica della natura*, Rinascita, Roma 1955.
Giono, Jean, *Lettera ai contadini sulla povertà e la pace*, Ponte alle Grazie, Milano 1997.
Greco, Silvio, *La plastica nel piatto*, Giunti-Slow Food Editore-Università di Scienze Gastronomiche, Firenze-Bra 2020.
Grimaldi, Piercarlo, *Il calendario rituale contadino*, Franco Angeli, Milano 1993.
Harari, Noah Yuval, *Sapiens. Da animali a dèi*, Bompiani, Milano 2017.
Houellebecq, Michel, *Le particelle elementari*, Bompiani, Milano 1999.
Howard, Albert, *I diritti della Terra*, Slow Food Editore, Bra 2005.
Irving, Washington, *La leggenda di Sleepy Hollow*, Garzanti, Milano 2020.
Jacob, Heinrich Eduard, *I seimila anni del pane*, Bollati Boringhieri, Torino 2019.
Kant, Immanuel, *Critica della ragion pratica*, Laterza, Roma-Bari 1982.

La Bibbia, Ldc-Abu, Torino 1985.

Lawrence, David Herbert, *L'amante di Lady Chatterley*, Newton Compton, Roma 2006.

Lévinas, Emmanuel, *Totalità e infinito*, Jaca Book, Milano 1977.

Lévi-Strauss, Claude, *Tristi Tropici*, Il Saggiatore, Milano 2004.

Lewis, Roy, *Il più grande uomo scimmia del Pleistocene*, Adelphi, Milano 2001.

Marx, Karl, *Miseria della filosofia*, Editori Riuniti, Roma 2019.

Mazzolari, Primo, *L'uomo vale perché lavora*, Edizioni Lavoro, Roma 2014.

Olivetti, Adriano, *Ai lavoratori*, Edizioni di Comunità, Roma 2012.

Papa Francesco, *Laudato si'. Enciclica sulla cura della casa comune*, San Paolo, Milano 2015.

Peccei, Aurelio, *Cento pagine per l'avvenire*, Giunti-Slow Food Editore-Università di Scienze Gastronomiche, Firenze-Bra 2018.

Petrini, Carlo, *Buono, pulito e giusto*, Giunti-Slow Food Editore, Firenze-Bra 2016.

Petrini, Carlo e Volli, Ugo (a cura di), "Cibo, gioco, festa, moda", in Cavalli Sforza, Luigi Luca (dir.), *La cultura italiana*, VI vol., Utet, Torino 2009.

Portelli, Alessandro, *Il re nascosto. Saggio su Washington Irving*, Bulzoni, Roma 1979.

Revelli, Nuto, *Il mondo dei vinti*, Einaudi, Torino 2014

Rodotà, Stefano, *La vita e le regole. Tra diritto e non diritto*, Feltrinelli, Milano 2006.
Schumacher, Ernst Friedrich, *Piccolo è bello*, Mondadori, Milano 1978.
Scuola di Barbiana, *Lettera a una professoressa*, Libreria Editrice Fiorentina, Firenze 2007.
Shiva, Vandana, *Terra Madre*, Utet, Torino 2002.
Vanni Rovighi, Sofia, *Introduzione allo studio di Kant*, La Scuola, Brescia 1968.
Woolf, Virginia, *Una stanza tutta per sé*, Assonanze, Milano 2012.
Wulf, Andrea, *L'invenzione della natura*, Luiss University Press, Roma 2017.